《大学》与我的小学

罗光辉◎著

湘潭大学出版社

序

中华文化源远流长、灿烂辉煌。在5000多年文明发展中孕育的中华优秀传统文化，是中华民族的基因，是中华民族的精神命脉，是中华民族生生不息、发展壮大的丰厚滋养，是中国特色社会主义植根的文化沃土，是当代中国发展的突出优势，对延续和发展中华文明、促进人类文明进步，发挥着重要作用。

《大学》出自《礼记》，原本是《礼记》四十九篇中的第四十二篇。《大学》是一篇论述儒家修身齐家治国平天下思想的散文，是我国古代留下来的一部重要经书。宋代的程颐提出："学者必由是而学焉，则庶乎其不差矣。"其大意是指做学问的人必须沿着《大学》中的顺序去学习，那么进入道德的门径就不远了。当代著名国学大师南怀瑾先生认为，《大学》不仅简练，也真有温柔敦厚之美，是每个人自理自修的学问。我国文化部原部长高占祥也认为《大学》系统地阐述了儒家的思想、理论和教育主张，它是学习传统文化的首选之书。

上述国学大师、国学大家的论述告诉我们，《大学》是中华传统文化典籍中很简短、很精深、很有价值的一部经书，是每一个孩子成长必读之书，不管时代如何变迁，它依然是一道精神佳肴，依然是我们中华炎黄子孙修身做人、成家立业的重要指南。

欣闻学生光辉在工作之余认真研读《大学》，带领着身边的家人、同事、朋友一起诵读学习，更难能可贵的是，她将学习感悟与生活、工作有机结合，紧密联系。如今《大学》成了她生活的一部分，成了她工作的指导手册，成了她人生事业的精神陪伴，这种学习经典的态度、精神、方法就是学用结合，就是格物致知，就是知行合一，作为老师的我为此很是欣慰。

收到书稿，我更欣喜地看到，本书内容是根据《大学》的内容很自然地分成30篇，每一篇都是由四个板块构成，依次是“经典诵读”“学习分享”“校园传真”“诗词感悟”，30篇中每一个板块的主题思想都是围绕本篇《大学》片段的主旨来进行写作。其中“经典诵读”部分再现《大学》原文；“学习分享”板块，既包含了对《大学》本片段中字词句的理解，也有结合古今中外的人文轶事交流认知，让读者对文本的理解更形象简易；“校园传真”板块记叙的是她应用《大学》中的思想指导学校管理工作，助推学校全面发展进步的真实故事，透过这30个故事场景，我较为清晰地看到这所农村薄弱学校书香弥漫，全体师生温良恭俭，携手向阳的画面，较好地展示出《大学》修身齐家治国平天下的教育魅力；“诗词感悟”则是将《大学》的理解认知化成一首七言绝句予以表达，与每一篇开篇的“经典诵读”板块形成很好的呼应。

全书文字朴实，行文整齐，条理清晰，很自然地帮助读者整理出“读——看——悟——行”清晰的学习经典之路，引导阅读者实现一个从简单到深入逐步推进的认知过程，可读性很强，借鉴力很大。

我祝福光辉老师能守住初心，立足教育这片热土，做好一名中华文明与文化的传播者。我也期待“《大学》与我的小学”这本书能激发阅读爱好者对中华优秀传统文化的认知、自信与兴趣，能为中华优秀传统文化教育提供参考资源，为构建新时代文明和谐校园和家园发挥一分力量。

刘孝听

辛丑秋月・长沙

目　录

概　述

提到“大学”，我们就会肃然起敬，那是一个学生努力求学12年的梦想之地，孩子一脚跨进大学，家长舒一口气，进入大学就意味着孩子长大成人，即将开启独立担当的生活。

提到“大学”，我们也会想到一本书——《大学》，《大学》和《论语》《孟子》《中庸》并成为四书，是公认的儒学经典，其中《大学》被称为“初学入德之门也”。

虽说两个大学是两个完全不同的概念，但两个大学也有着密切的关联，中国不少大学的校训就与《大学》有关。如东南大学的校训是“止于至善”，河南大学的校训是“明德，新民，止于至善”，香港大学的校训是“明德格物”，台湾成功大学的校训是“穷理致知”等，这些校训都摘录自《大学》的原文。校训往往反映一所学校的办学传统和精神追求，将《大学》文本内容作为学校校训，足可见《大学》一书对青少年的成长成才有着现实而积极的指导意义。

《大学》不光是走进了高等学府，其实，它也飞入了寻常百姓之家，每个人对它都略知一二，比如，我们常挂在嘴边的成语“心广体胖”“心不在焉”，就是出自《大学》；我们熟悉的名言警句“道得众则得国，失众则失国”“财散则民聚，财聚则民散”，是出自《大学》；我们常与人论及的“修身、齐家、治国、平天下”也是出自《大学》。这样一说，是不是觉得自己很了不起？没想到四书中的内容不知何时早已经被你烂熟于心了，想不到《大学》与我们的生活是息息相关着的。

一、关于《大学》一书

1. 主要内容

《大学》是四书五经中的第一部，原是《小戴礼记》里的一篇，《大学》不长，全书共 30 章，短短的篇幅不足 2000 字，它是我国传统文化中儒家经典的组成部分，是最全面、最系统地阐述治国平天下学说的第一篇政治论文，主要阐述儒家“格物、致知、意诚、正心、修身、齐家、治国、平天下”以及探究学问追求的宗旨和方法。大学的宗旨在于弘扬光明正大的品德，在于使人弃旧图新，在于使人达到最完美的境界。经北宋程颢、程颐竭力尊崇，南宋朱熹又作《大学章句》，最终和《中庸》《论语》《孟子》并称“四书”。《大学》一直到宋朝才开始出现单行本。宋、元以后，《大学》成为学校官定的教科书和科举考试的必读书，对古代教育产生了极大的影响。

2. 作者

旧说为曾子所作，是秦汉时的儒家作品，曾子（公元前 505

年—公元前 435 年），名参，字子舆，春秋末年鲁国南武城人（山东嘉祥县），是中国著名的思想家，孔子的晚期弟子之一，与其父曾点同师孔子，曾子是孔子的优秀弟子，孔子把孙子子思交给曾子当学生，子思培养出一名优秀的弟子孟子，曾子是儒家学派的重要代表人物。

曾子主张以孝恕忠信为核心的儒家思想，他的修齐治平的政治观，内省慎独的修养观，以孝为本的孝道观至今仍具有极其宝贵的社会意义和实用价值。曾子参与编制了《论语》，著写了《大学》《孝经》《曾子十篇》等作品。曾子在儒学发展史上占有重要的地位，被后世尊奉为“宗圣”，是配享孔庙的四配之一。

二、关于《大学》与生活

人是一切社会关系的总和。每一个人都是社会的一分子，人生在世，“修身达人，成家立业，居家行事”都是我们的必修课程，《大学》就是这门课程的教材。程颐说：“大学，孔氏之遗书，而初学入德之门也”；伟大的革命先行者孙中山先生曾经说过，“《大学》是中国独有之宝贝，是中国人必读的一本书”。《大学》告诉我们怎样修身达人，如何成家立业，如果我们有心研读它，便能透过字里行间而豁然开朗。

一说修身

1. 立德明德，立人之本

《大学》开篇，提出大学之道，“在明明德，在亲民，在止于至善”。把德摆在第一位，凸显了儒学所倡导的做人之根本所在。第十章，有这样的表述“道盛德至善，民之不能忘也”。在第二十五章“慎德章”，也有讲到“是故君子先慎乎德。有德此有人，有人此有土，有土此有财，有财此有用。德者本也，财者末也。”

古说“德不孤必有邻”，今说“立人先立德”。学校坚持“德育为先”的教育理念，国家提出选用人才必须“德才兼备”。2018年9月10日，全国教育大会在北京召开，习近平总书记明确提出，坚持把“立德树人”作为根本任务，2019年3月18日，习近平总书记亲自主持召开了全国思政教师座谈会，因为历史证明，“有德便有得，缺德便少得，无德便无得!”

2. 止于至善，志存高远

“止于至善”，是一个成语，它指出大人之学应该学着不断追求最好的程度、最完美的境界。怎么达成这种境界呢？本书中有多处引用鲜活的事例予以形象化指导，第九章中的穆穆文王可谓范本，其为人君，为人臣，为人父，为人子，与国人交，无不是止于至善的楷模。周恩来总理的“为中华之崛起而读书”，不也正是把书读到了极致，读出真理，读出斗志，读出抱负了吗？俗话说“不求最好，但求更好”，传递的就是一种不懈追求的正能量，事、物的极致永远在追求的路上，永远在梦想的心中，也正如，习近平总书记所倡导的“幸福是奋斗出来的!”所以，大人之学，要谨记，生命不息，奋斗不止！“安逸”“差不多”，这些都是美好生活的绊脚石，你的梦想有多高，你的舞台就有多大。

3. 内省慎独，求真求安

第十四章、十五章重复了这样一句话，“故君子必慎其独也!”著名的“棉花糖实验”曾告知我们一个现实：能否抵御诱惑也能预示着未来成功的走向。何谓慎独?《辞源》有这样的表述：“慎独是指在独处时能谨慎不苟。”也就是我们平常所说的“人前人后一个样”。若不屑自律，慎独不成呢?其第十五章则用一段字符描绘出一组“小人闲居”图，“人之视己，如见其肺肝然，则何益矣?”一个反问句，慎独的道理蕴含其中。故，内省慎独，求真求安；表里如一，心则安矣。

二说达人

1. 知其所止，角色定位

“穆穆文王，於缉熙敬止。”周文王的一生彰显的是找准自己的位置，竭力扮演好自己的角色，悄然成就他人，建国建业。文王用一生经历告诉我们，在成就他人的过程中自然也是一个人精进的达成经历。《诗经》有说“缗蛮黄鸟，止于丘隅。”难道“可以人而不如鸟乎?”角色定位，知其所止，便可达人，亦是达己。

2. 絜矩之道，推己及人

身处茫茫人海，每天面对形形色色的人，哪能都尽如人意?第二十三章《所恶章》论述絜矩之道，指出我们在接收到上下左右不同的人给予自己不良情绪影响时，那就要换位思考，切不可把自己厌恶的东西施加给别人。因为“文明滋养更多的文明，野蛮催生更大的野蛮”，如果，我们遵照絜矩之道，每每心生厌恶之时，及时反观自己，用你的冷静与理智，设身处地为他人着想，那么，我们就会将“野蛮”扼杀于摇篮，担当文明的传播者，以我之“文明滋养更多的文明”，不也是一种达人的践行吗？

3. 知人善用，成人之美

第二十七章《秦誓章》，阐述了怎样成就贤良之辈，其中有这样的描述：“人之有技，若己有之。人之彦圣，其心好之，不啻若自其口出，实能容之。”不管眼前的人是谁，将用人唯贤视为唯一标准。反之呢，第二十八章有告诫：“见贤而不能举，举而不能先”，这是浪费人才的生命；“见不善而不能退，退而不能远”，这便是最大的过错。这些是老祖宗的金玉良言，亦是用人成人的灯塔航标，胸襟开阔，成人成己，嫉贤妒能，害人害己！习近平总书记鼓励人们，“幸福是奋斗出来的！”我们应该给予老百姓幸福奋斗的环境与心境，在他们身边拍手叫好、点赞宣扬。知人善用，成人之美，善莫大焉。

三说成家

《大学》阐述了家的重要性。“家齐而后国治”“一家仁，一国兴仁。一家让，一国兴让。”个人小家庭连着祖国大家园，于己于人于国，我们都有责任扮演好家人的角色，建设好和谐的小家庭。

俗话说“家和万事兴”，一个家庭能否兴旺就在一个字——和，《大学》有指导，请扮演好这样几种角色：为人子女，“止于孝”；为人兄弟，“宜兄宜弟”；为人之妻，“宜其家人”；为人之父，“止于慈”；为人之母，则要知晓“人莫知其子之恶”的心理，因为这是“人之其所亲爱而辟焉”的情感在作祟，百害无一利，那么，请你跳出母亲的角色看孩子，客观评价方为育儿之良策。

四说立业

1. 以民为本，则近道矣

再说《大学》开篇心语，“大学之道，在明明德，在亲民，在止于至善。”亲民，即亲爱民众，亲近人民，服务人民。古往今来，凡是成功者都有共同的治理之道，“得众则得国，失众则失国”（第二十四《得众章》）。李世民治国名言，“水则载舟，亦可覆舟”；毛泽东主席始终将老百姓放在心尖，“全心全意为人民服务”；习近平总书记对人民的亲近与挚爱，更是温暖了中华民族。亲民，是成功的宝典，也是成长的保障，有道是“一个篱笆三个桩，一个好汉三个帮”。

2. 诚信至上，不忘初心

《大学》先后七次提到“诚信、诚意”。“欲正其心者，先诚其意。”（第三章《致知章》）“知至而后意诚，意诚而后心正。”（第四章《物格章》）“与国人交，止于信。”（第九章《文王章》）“所谓诚其意者，毋自欺也。”（第十四章《诚意章》）“故君子必诚其意。”（第十六章《曾子章》）“心诚求之，虽不中不远矣。”（第十九章《齐家章》）“故君子有大道，必忠信以得之，骄泰以失之。”（第二十八章《大道章》）七处分别明确“诚”的意义：诚是自我正心的前提，是与人交往的基本素质，是评判君子的必备条件，是靠近成功的法宝，是得之法则。用一句话概括，即“君子诚则明，不诚无物”。

3. 淡泊名利，方得始终

《大学》既讲心法，也讲财利之要。第二十五章，“财者末也，德者本也”，指明事业发展的方向，那就是淡泊财物，修养德行。修什么德？修资源共享的德，修乐善好施的德，修扶危济困的德……2015 年，国家作出了《中共中央国务院关于打赢脱贫攻坚战的决定》，《决定》指出确保到 2020 年农村贫困人口实现脱贫，为全面建成小康社会，实现中华民族伟大复兴的中国梦而努力奋斗。

第二十九章、第三十章花较大篇幅围绕生财展开论道，阐述“利”与“义”的关系问题，论述治国平天下的政治原则和为政以德的经济原则，留下许多敲击心灵的经典之句：“此谓国不以利为利，以义为利也”，这儿重在引导人们建立正确的价值导向，而非仅仅激发其谋利的热情；“仁者以财发身，不仁者以身发财”，这儿则提醒人们要构建高级财富观。儒家并非排斥财富，而是讲求构建一种着眼于长远，放眼于整体，追求通过利人而利己，通过无害于人而利己的财富观。古为今用，淡泊名利，共享经济，方得始终。

第一章　明德章·止于至善

经典诵读

大学之道，在明明德，在亲民，在止于至善。

学习分享

本章为《大学》之开篇，4 个分句 16 个字，是《大学》全本书的总论与核心，明确提出了“大学”的纲目，通俗一点说，就是指出了三大任务、三大目标、三大宗旨。哪三大呢？答案是明明德、亲民和止于至善。

何谓“大学”？大学为何？首先必须明确认识，此“大学”非彼“大学”也。宋代朱熹在注释《大学》章句的“序”中有说：“人生八岁，则自王公以下至于庶人之子弟，皆入小学，而教之以洒扫、应对、进退之节，礼乐、射、御、书、数之文。及其十有五年，则自天子之元子、众子，以至公、卿、大夫、元士之嫡子，与凡民之俊秀，皆入大学，而教之以穷理、正心、修己、治人之道。此又学校之教，大小之节所以分也。”这段话，出现了“大学”与“小学”两个词语，指出了这两个概念是在内容上、在年龄上有所区别，还可以引申为在层次上、在深浅程度上有所区别。朱熹语段中的“十五岁皆入大学”，不是说就要进入怎样的学府，更重要的是在提醒到了这个年龄，是时候要学习该学习的内容了。古时候，十五岁就要或者已经成家立业了，那么人就自然是一个成年的人，可以自主独立的人了，自然应该学习并懂得“穷理、正心、修己、治人之道”。故此，可以将“大学”理解为双重意思，一为“博学”，一为“大人之学”。“道”，有表示路途的，如“道路”；有表示宗教或代表某个学术流派主旨之意的，如“道教”；有表示讲话之意的，如“娓娓道来”；有表示规律法则之意的，如“自然之道”。在这取规律法则之意，“大学之道”，即“大人之学的根本宗旨”。

根本宗旨是什么呢？三个“在”字明确指出：在明明德、在亲民、在止于至善。“明德”，顾名思义，“光明的品德、高尚的德行”，何谓“明明德”？先看这一段话：“齐景公问政于孔子，孔子对曰：君君，臣臣，父父，子子。”文言文中，大多将名词诸如这样重叠使用的，其第一个都作动词使用，意为“做君主、做大臣、做父亲、做儿子”，此处“明明德”的第一个“明”也是作动词用，意为：明白、彰显、显明、内显，那么，明明德就是指要内明自己高尚的道德，让美好的德行内化于心，外化于行。一个人的道德是否高尚，不是自己说出来的，而应该是在一言一行中自然而然传达出来的讯息。此处的明明德是一个叠词，读来朗朗上口，富有音韵美，更是中华经典美文炼字用字的绝妙！古说“德不孤必有邻”，今说“立人先立德”，大学之道，把德摆在第一位，凸显了儒学所倡导的做人之根本所在。

亲民，很好理解，即亲爱民众，亲近人民，服务人民。古往今来，凡是成功者都有共同的治理之道：“得众则得国，失众则失国。”毛泽东主席曾说，“全心全意为人民服务”，习近平总书记在不同时期、不同场合，用朴素的语言表达着他对人民的亲近与挚爱，如“要始终与人民心心相印、与人民同甘共苦、与人民团结奋斗”“千万要记住政府前面的‘人民’两字”“群众在干部的心中有多重，干部在群众的心中就有多重”“人民群众是我们力量的源泉”等。一个大人，一个成年人，有社会担当，一辈子要面对的事情千千万，要完成的事情万万千，亲民是成功的保障。可是，亲民说来容易做来难，你身居高位之时，你学富五车之时，你腰缠万贯之时，你是否还会记得曾经在你身边默默支持、帮助、鼓励着你的家人、朋友、老师、同事？你的眼睛可否能很自然地平视大众、仰视他人呢？

止于至善，是一个成语，“止”，即“停留、留住、居住、止息、达到”，这儿的“至”，即“极致”，“至善”就是指最好的程度、最完美的境界。什么是极致？一件事情的极致又是怎样呢？俗话说“不求最好，但求更好”，传递的就是一种不懈追求的正能量。事、物的极致永远在追求的路上，永远在梦想的心中，也正如习近平总书记所倡导的“幸福是奋斗出来的！”所以，大人之学，要谨记，生命不息，奋斗不止！

理解到这，再来总结，“大人之学的根本宗旨，就在于内明高尚的道德，在于具有亲爱民众的思想感情，在于使人的生命达到最美好的境界。”

亲爱的朋友们，请带着你美好的品德，不懈地奋斗吧，因为存德天下，可理天下；行德天下，可得天下；完善自我，将成就精彩人生。请相信：太阳是你们的，世界是你们的，未来更是你们的！

校园传真

止于至善

——记参加我区教育局秋季中小学田径运动会

风清气爽，天高云淡，这样的天气必须干点什么才不负美好。今天，体育中心，我区 2019 年秋季中小学田径运动会拉开帷幕，全区学子的速度与激情将在这片绿茵场上展现。

全区中小学田径运动会是一年一度的常规比赛，上一年度，我校虽然也获得小学 B 组团体总分第四名，但与排名前三的学校差距甚远，我清楚地记得我校仅仅获得三个单项成绩，分别是唐大为同学获得垒球第一名、实心球第三名，徐筠浩同学获得跳远第三名，三项总分共计 15 分。

2018 年区运动会刚结束，我心里就在打鼓，明年这一届六年级仅一个班，仅 43 名学生，学生人数少于上一届学生，据我目测和平时的了解，这一届学生在个头、运动兴趣都较上一届六年级稍逊一筹，体育老师陈茜也跟我打了预防针：“校长，下一届的学生运动能力不如 2018 年这一届，恐怕连团体第四都难保。”我口头上这样说着：“没事，你只要尽力就好，尽力组队，科学训练，让孩子们享受运动的快乐，感受到运动的拼搏就好了。”但心里头还是很慌，要知道，我也是好面子的人，体育，是一个学校团队拼搏、团结和身体素质的一个全方位检阅，去年的运动会可以说我还只是才接手学校不太了解，今年我可是有过运动会领队经历的人了，怎能有理由有不进而退的成绩呢？

我本着这样的心理，默默在一旁关注着体育工作，偶尔表达着我的一些发现与想法：跳长绳建议从四年级开始分班组队，体育老师选人，班主任督促训练；将田径比赛运动项目与体育课堂教学相融合，让每一个孩子熟悉小学生基本体育项目技术要领；适当加强大课间的跑操强度；开设足球、篮球、武术等社团，提高运动兴趣和运动能力。体育主管茜茜老师也是上进之人，暗暗铆足了劲，一项一项工作去落实展开，尤其是本学期，和新进体育教学的高进老师一起，迅速组建田径队，提早为备战区运会做起了准备。每天清晨，学校操场上，活跃着一群师生运动的身影，每天中午，教学楼西头，聚集着一支长绳练习的队伍，且风雨无阻，止于至善，从未间断。只为奔向心中那个“今日更比昨日好”的愿望。

一年前，学校没有专职体育老师，学校体卫工作就是由总务主任张老师兼而挑起。2018 年秋，终于盼来了一名专职体育教师陈茜老师，如今，因工作需要，她又必须担任学校德育管理工作，幸好今年暑期招聘老师，我坚持要寻觅一个体育老师，且期待一位男性体育老师。心诚则灵，我们如愿请到了高进老师，体育课堂上，终于拥有了两位专业老师，还增添了教师队伍的阳刚之气，备战运动会的紧张干劲也在小小的校园里呈现了，校园里更是生气勃勃。

运动会帷幕徐徐拉开，伴随着主持人的解说，我和教练员茜茜老师领着红霞学校19个学生组成的运动团，手持校花（向日葵）铿锵踏步入场，“霞光万道，放飞梦想，团结友爱，奋勇拼搏”的口号朴素而清脆，呼喊的是我们本次搏击运动的心语。

简单而紧凑的开幕式之后，正式的角逐迅速开启。首先是集体项目10人跳长绳，我校在8号站位，一声哨响，彩绳立刻摇起来，小长龙立马摆开阵容，摇绳的俩孩子紧紧盯着伙伴们的脚步，吻合住每一个进出的节拍，跳绳的八个队员个个神情专注，紧跟队伍步伐，弯着腰果断跳跃进出，“……31、32……127、128、129……315、316……”我在一旁默默数着，“316”，数着它，我一阵欣喜，316是这支跳绳队在学校训练时最好的成绩，今天在赛场上竟然被打破！最终，三分钟集体跳长绳以338的成绩刷新我们自己的记录，“超越了自己就是胜利，我们这般尽力，说不定会有好运！”我欣喜地告诉孩子们，心里也抱着一丝侥幸，孩子们听我这么一说，雀跃着，打听着成绩，果然，传来喜讯，我校集体跳长绳第三名！338，这个数字刷新的是我们长绳队的训练记录，第三名刷新的是我校学生运动会集体项目比赛的荣耀。

在长绳比赛的士气鼓舞下，一上午径赛项目全面开花，男子50米、100米均获得第四名，女子100米获得第五名。又是一个对去年成绩的突破。中午午餐时，我打量着这几个运动员，眼前除了费得乐、彭子昊、周子晴、彭佳艳这四个投掷队员之外，其余的15个娃儿个个都是精瘦型的，且个头不高，大约1米5，其中有三四个恐怕还不到1米4。确实，如之前茜茜老师所说的，看上去运动能力完全比不上上一届六年级学生，但今天怎么就挑战成功了呢？一路陪伴，心中的疑问无须别人给我解答，我清楚：一是运动不是蛮力活，它是个技巧事，如今我们全面拥有了专业教练的指导；二是比赛不看好临时抱佛脚，更青睐坚持与不懈，备战本次比赛，我们尝试了早启动、有计划、能持续。为此，我也有理由相信，下午的比赛一定还会有佳音。我们就这样憧憬着，围坐在一起，说笑着，闲聊着，度过午间的一小憩。

果不其然，本次比赛最后总结，一个集体项目获奖，7 个个人项目获奖，集体、单项榜上有名，田赛、径赛全面开花，获奖人数大幅增加。

一天里，阳光下的拼搏，我用手机咔嚓着拍照始终停不下来，眼看孩子们沐浴着秋日的暖阳，追逐在运动的赛场，忙着，累着，叫着，喊着。

夕阳西下，霞光点点，孩子们欢呼，教练员合不拢嘴，我呢，心里自然乐开怀，不光为成绩，更为收获了工作的成果，看到了管理的实效。一场运动会展现的不正是我们常说的“一分耕耘一分收获”，不正是“止于至善”的一路追梦吗？我一直坚定地相信：成功不可复制，但成功的法则定有相通，那就是逐梦前行，天道酬勤。

诗词感悟

一东诗曰

道应何始又何终，造化生民韵未穷。大学从来无别事，善之善也德其中。

第二章　知止章·桃李不言

经典诵读

知止而后有定，定而后能静，静而后能安，安而后能虑，虑而后能得。物有本末，事有终始。知所先后，则近道矣。

学习分享

我们常常歌唱："不经历风雨，怎能见彩虹？有谁能随随便便成功？"一首歌道出了成功之不易。我总以为，成功是厚积的薄发，是循序而渐进的达成。

《大学》第二章"知止章"就是论述成功之路。三个句子阐明一个人要步入成功彼岸的法则有二，首先，需要经历人生精进的六个阶梯，概括为六个字：知、定、静、安、虑、得。因为"知止而后有定，定而后能静，静而后能安，安而后能虑，虑而后能得。"这六个字值得我们好好琢磨：

知：知道、明白、懂得。

定：（意志）坚定，有定力，不动摇。

静：（内心）宁静、纯净、平静、镇静。

安：（遇事）安稳、安详、安定。

虑：（行事）思虑、考虑、精思、周详。

得：得到、得道、成功、获得。

把这六个字摆在一起，我们就发现，这六个字本身就呈现了经历一件事情的全部过程：从心中的意念（知、定），到内心的态度（静），然后不断地遇事（安）、办事（虑），最后事情完成，面对结果（得）。读到这，是不是有一个疑问：平常我们都是说“请安静”“真安静”，这些常用表达都是“安”在前，“静”在后，而在这个语段里，就不一样，而是先要说“静”再谈“安”。那是因为，只有当你的内心宁静、纯净、心无旁骛，处理事情时才能真正从心出发，平平安安，稳稳当当。那么第一句话完整的意思就可以这样理解：“知道要达到的最高境界（目标、方向），然后才能意志坚定；只有做到意志坚定，才能做到内心宁静，只有做到内心宁静不乱，才能做到遇事泰然安稳；只有做到遇事泰然安稳，才能做到行事思虑周详；只有思虑周详，才能获得事业的成功。”对于这一段理解，我用了“只有……才能……”这组关联词语，这样表达是非常准确的，因为这六个字所代表的六个阶段，就是这样子相互前后构成条件关系，一环套一环。路是得一步一步地走，成功正是这样一步一步地靠近着，人生也就是这样子如竹节一般，一阶段一阶段地精进向上。

一个人要步入成功彼岸，然后还要懂得事物、事情的规律规则，请看本章的第二、三句，“物有本末，事有终始。知所先后，则近道矣。”

这儿有三对反义词，“本末”“终始”“先后”。“终始”“先后”很好理解，跟今天的语言表达是一模一样的。“终”即结束完成，“始”指开头最初的，“终始”表示事情的两个阶段。“先”指排位于前面的，“后”指然后、居于后面的，“先后”表示事情的先后顺序。在这儿为什么是“终始”，而不是“始终”呢？文言文用词有时候为了音韵美，会出现有意地把词序颠倒，但这儿绝不是这个用意，把“终”摆在“始”的前面，表示对“终”的强调，表示一件事情的成功与否，“终”比“始”更为重要和关键。举个生活中的例子吧，知道有客人要来了，我们一定会打扫卫生、购买点心等精心准备着，整个接待热热闹闹的，可是客人要走了，我们或者自己埋头做着自己的事，你尽管走你的好了，反正我的招待工作完成了；或者感觉有点累了，一屁股坐在沙发上一动不动，象征性地挥下手，换位思考一下，客人会是一个怎样的评价，这算不算一次成功的接待？再举一个例子：一个城市好不容易获得了一次大型活动的举办权，倾城而动，热热闹闹地前期准备、宣传、赞助，活动结束，观众各走各的，工作人员也停止工作。第二天阳光普照下，昨晚的活动场地一派狼藉，精彩的活动报道被铺天盖地的负面新闻、图片掩盖，什么活动结束场内一派狼藉、国民素质有待提高等的呼声见于媒体，他们盯住的只是眼前所见到的“终”的遗憾，却肆意抹杀“始”的付出。虽是一种别有用心，但也正是一种忠告：有始有终，方得初衷！

再来看“本末”二字，“本末”对物体而言，就是指根部与末梢；对事情而言，是指事情的主要的和次要的，核心的与辅助的。比如，一棵树，何处为本何处为末一眼就明白；而电灯呢，它的本是什么？当然是电源，没有电源再华丽的造型也仅是摆设；读书呢？读是根本，知识是读出来的。俗话说，读书百遍，其义自见嘛。我们经常问小孩子："小朋友，你在哪里读书啊？""你读几年级啊？"这恐怕也是一代一代流传下来的口语表达，因为，古时候学习就是读，读书就是老祖宗们学习的最基础最根本的方法，古人也就是遵循以读为本这样朴素的教学方法培养出了圣人贤者。

明白了这三对反义词，这两个句子就通晓了，意思是说："天下万物都有根本和枝末，都有主要和次要之分，世间万物都有结局和开端。知道了他们的主次先后、轻重缓急的顺序，那就接近懂得万物的发展规律了。"抓住这三对反义词来理解这两个句子，是不是觉得我们也在应用着"物有本末"的解题策略呢？那你阅读了这一章，有什么感悟要分享的呢？在此，我借用我的老师对我的教导来抛砖引玉：确定目标、志向坚定；内心安宁、克服浮躁；抓住本质、掌握规律。如此一来，便近道矣！

校园传真

桃李不言

——记课堂常规礼仪四字经的实践故事

9 月 18 日，区教培中心袁主任来学校了解开学情况，离开学校的时候给我留下提醒："孩子们要懂规矩、知敬畏。引导孩子们懂规矩、知敬畏，每一个教师责无旁贷。"当时看似随意的聊天，却深深扎进了我的眼里、心里。

就拿课堂来说吧，一般小学生课堂规矩有或无？我校孩子们的规矩意识怎么样？此刻浮现在我眼前的是这样的画面：上课铃声响起，赶紧稀里哗啦掏书本找文具，忙得不亦乐乎；课桌上的书本水杯鱼目混珠，好似摆地摊；双脚怎么也闲不下来，时而抖抖时而踏踏桌脚蹬蹬腿，足无定处；小脑袋瓜呢，读着读着书，写着写着字就往下压，往下沉，眼睛书本越靠越近，越靠越近……

这能不能归结为好习惯的缺失呢？《弟子规》里有说道，"几案洁，笔砚正"，提出的就是课桌一方的整洁，整洁有序是学习应有的环境；《大学》里有说道，"知止而后有定，定而后能静，静而后能安，安而后能虑，虑而后能得"，指出的是成长的六个步骤，静心定气是学习需要的心境。

习惯的重要性每个人都懂，叶圣陶先生书说："什么是教育，简单一句话，就是要养成良好的习惯。"从一定程度上说，教育就是对习惯的播种，教育工作者就是习惯养成的引导者，成就孩子就得从习惯教育开始。

习惯的培养途径千千万，这一刻，面对学校摆在我眼前的学习习惯之现状，我萌生了一个想法：学习习惯的引领势在必行，将学习习惯程序化，将习惯行为口令化，让学习习惯立马见于行动。就这样，我开始起草"课堂常规礼仪四字经"，九九归一，从九个方面着力设置课堂礼仪，分别为"候课、问好、举手、问答、读书、写字、倾听、下课、列队"，九个礼仪从上课起笔，至下课收尾，九个礼仪涉及了一节课的主要活动场景，每一个礼仪均用四个四字短语来说明，如此让课堂 40 分钟的活动规矩都有章可循。

俗话说，“磨刀不误砍柴工”，四字经形成正稿，全校师生人手一份，一起来阅读、理解、朗读、背诵。36 个词组数量不多，加上四字短语朗朗上口，难不倒大家的记忆力和理解力。读过背过之后，大多老师们都叫好，有班主任老师这样说：“有了它，于老师而言，面对这群活蹦乱跳的小猴子犹如唐僧一般，拥有了紧箍咒。”有科任老师这样说：“有了它，我们的脑子更清醒，不用一个劲回忆哪个班的纪律要求是什么个性化了。”我说：“如果可行，我们就将它确定为学校的一种课堂文化，让它一年一年来传承。”

“实践是检验真理的唯一标准”，得到了实践者的认可，课堂常规礼仪四字经就在校园里响亮起来了，上课铃声响起，值日生一句“上课铃响，书本精准，朝北休息，静候师长”，校园里立马静悄悄，我记得我上小学的时候，老师就教我们唱过一首儿歌，其中有一句“铃声就是命令”。如今，我们用八个字，让铃声这一学习冲锋号终于发挥了统一命令的效果。作业时间，老师轻声提醒，“足定背直，身正心安，一笔一画，检查订正”，16 字叮嘱，教室里的桌椅不再咔哧咔哧作响，同时完成作业就无所事事的情况渐渐少了许多，埋头驼背写作业的队伍人数也在逐渐减少。我乐观地想，如此下去，近视眼的发生率也会有所降低吧，孩子们挺直腰板的俊俏模样也会与日俱增吧。再看下课，这下大伙都别想急着冲刺跑出教室了，因为，四字经里有提醒“更替书本、礼让师长”。“更替书本”，提醒的是我们要行有计划的事，“礼让师长”，彰显的是我们要做尊师有礼的人。

虽然成功的道路千千万，但是成功的法则永不变，《大学》有提示：“物有本末，事有终始，知所先后，则近道矣。”于学习，于成长，习惯就是始，习惯亦是本！课堂常规礼仪四字经，是我们决心致力于学生习惯培养而迈开的步伐，得到了老师们的呼应。至今，课堂常规礼四字经推广整整一个月了，是该检验成果的时候了。今天，教导处发布方案，他们要牵头开展“课堂常规礼仪”评比活动，每班分成班主任和科任老师两个环节展示。我们一一走进各班课堂，走到孩子们身边，惊喜、惊讶一阵阵翻涌心头：问候时“轻声起立，鞠躬行礼”；读书时“双手携书、目光专注”；问答时“大方直立、响亮清晰”；列队时“静听口令，齐整规范”……变化在一个月里，蜕变在四字经中。此刻，我再一次感同身受一个论断，那就是美国心理学家威廉詹姆士这样说：“播下一个行动，收获一种习惯；播下一个习惯，收获一种性格；播下一种性格，收获一种命运。”教育就是习惯的培养，尤其是小学阶段。

唤起习惯培养意识是我的责任，习惯培养是我和伙伴们共同的责任，今天的检验成果笃定了我们将“校园礼仪四字经”进行到底的决心。此刻，我们欣慰，欣慰我们的独辟蹊径，此刻，我们笃行，赶紧准备着明天“日常行为礼仪”的面世。一“经”在手，桃李不言，下自成蹊。我们期待，以梦为马，让校园礼仪四字经为孩子们涂亮成长的底色，扣实人生的第一粒纽扣。

诗词感悟

二冬诗曰

风云笑看且从容，缘起人生淡或浓。不变初心沸天地，达通隐隐见神龙。

第三章　致知章·格物致知

经典诵读

古之欲明明德于天下者，先治其国；欲治其国者，先齐其家；欲齐其家者，先修其身；欲修其身者，先正其心；欲正其心者，先诚其意；欲诚其意者，先致其知；致知在格物。

学习分享

本章论述三纲领的八条目：格物、致知、诚意、正心、修身、齐家、治国、平天下。本章的学习从这八个词语入手较为合适。

格物：认识探究世界万物的原理。为了便于理解，姑且将它等同于实践探究吧。

致其知：认识达到明确的高度。致，在这还是有极致的意思，指心里所认识到的一个明确的高度。

诚其意：诚实自己的意念。

正其心：端正自己的内心。

修其身：修养自己的身心。它是齐家的前提。毛泽东主席说过，榜样的力量是无穷的。父母出口脏话，孩子必定是脏话张口就来，父母没有道德，孩子怎么会有道德？父母爱玩手机怎么教育孩子不迷恋网络？校长不爱读书，老师们怎会乐意阅读？老师不爱读书，孩子们又怎么读，读什么？不要小看了自己身心的修炼对家庭的影响，对团队的影响，子曰：“其身正，不令而行，其身不正，虽令不从。”每个人就是一本教科书，物以类聚，人以群分，你的身心修养美好，你身边的人一定与你八九不离十。《论语》中的“吾日三省吾身”，也是一种修其身的策略，另外，择其善者而从之，择其不善者而改之；三人行，必有我师焉，都给予我们很好的修身指引。

齐其家：整顿好你的家族，使你的家族关系融洽和谐。古时候的家有别于我们现在对“家”的理解，它是指以血缘关系为纽带的家族。《诗经》里就有“之子于归，宜其家人”，意思是说，这个女孩子出嫁了，她一定会使她的夫家和睦相处。这个家就不光是指女子和丈夫组成的小家，而且指与夫君有血缘关系的老老小小上上下下。想要融洽这里的关系就不简单了，有婆媳的、姑嫂的、叔伯的，当然也有夫妻之间的，甚至当时条件好的人家还有主仆关系。俗话说，家家有本难念的经，要念好家族的这本经是需要智慧的。故，这里说，欲治其国者，先齐其家，治不好小家何以理朝政？古时候称能把家管理得整整齐齐的人为“妻”。历史上的周朝三太就是母仪天下，贤德无比的女性齐家的典范，她们不仅成就了周朝八百年基业，还为华夏民族培养了留芳万世的几位圣人——周文王、周武王、周公。周朝三太就是尊称已婚女性为太太的来源。称呼太太，包含了男士对妻子的一种肯定、表扬和发自内心的爱意，也传递出了家人对“妻子”这位女性齐家能量的期望。

治其国：治理好自己的国家。也许有人说，治理国家距离我太遥远了，我能安于本分，做到关心政治就可以了，治国平天下与我没有关系，我也不用考虑。别急，我们先来听听孔子与学生的一段对话，或谓孔子曰：“子奚不为政?”子曰：“《书》云，孝乎为孝，友于兄弟，施于有政。是亦为政，奚其为为政?”怎样是治国，不是只有主席总理才有资格治国。雷锋是一个司机，他为了祖国的建设而努力，是治国，毛泽东主席亲笔题词：“向雷锋同志学习。”他明明德于天下；刘胡兰，“生的伟大，死的光荣”，为了革命事业，她视死如归，同样明明德于天下。

理解了以上七个词语，现在对本章的认识应该也就渐渐明朗了。大意是这样子的：古时候，要想把自己光辉的道德彰明于天下的人，首先要治理好自己的国家；要想把自己的国家治理好，首先要整顿好自己的家族；要想整顿好自己的家族，首先要努力提高自身道德修养；要想提高自身道德修养，首先要端正自己的思想；要想端正自己的思想，首先要意念诚实；要想意念诚实，首先要努力获得知识；要想获得知识，首先要探究万事万物的原理。

八个词语，构成七个阶梯式的关系，后一项任务是前一项达成的基石，而格物是最最基础，九层之台，起于累土，明明德之果始于格物，格物是万事之基础，基础不牢，地动山摇。

在这儿，八件事情其实又可以分为两个领域，概括为四个字

"内圣外王"。首先是内圣，包含格物、致知、意诚、心正、身修，这是属自我的提升阶段，然后是外王，包含齐家、治国、平天下，这是价值体现的阶段。只有做好了内圣的五件事情，才有可能实现外王的追求，明明德于天下之法则，古曾如此，而今亦然。

道理明了，法则懂了，那么就让我们眼明心亮，胸怀抱负，埋下理想的种子；探究实践，广博学问，厚重知理；修身为本，家齐人和，天下大同!

校园传真

格物致知

——2019 年秋季研学活动有感

昨天的快乐用脚步丈量，今天的美好在屏幕中开启。一早起床，打开手机，着实惊讶到了：划拨着微信圈，跃然眼前的是同事们的研学分享，再划拉，还是同事们的研学分享，继续划拉，是红霞的研学分享，一条又一条，在我的朋友圈里呈现刷屏霸屏的节奏。其中有用美篇分享的，请看来自 62 班的报道——"又到一年研学时，相约乐游天子湾"；61 班这样说——"我们，天子湾研学活动这么'玩'"；65 团队激情四射——"海立方，我们迎着朝阳向你出发"；68 班海立方研学之旅倍显温馨——"关爱海洋，守护蔚蓝"。其中有用笔记编辑器借用视频分享的，请看 71 班娅玲老师玩的新技法——"研学之旅完美收官，4 分多钟的视频，一切尽在镜头中”。其中也有借用经典照片交流活动感悟的，请看新班主任潘老师展示了一组手牵着手并行走，吃喝玩乐也不忘彼此照顾的娃娃兵；杨老师借用“完美收官”四个字，表达着从一路紧张到平安返程的焦虑和欢喜。可爱的欢欢老师，似乎再多图片分享也道不尽其中娃们的快乐，美篇之后还附上温馨提醒：“孩子们回家肯定有很多的事情要和爸爸妈妈爷爷奶奶分享，请家长们一定安静下来，忙里偷闲听听孩子们今天怎么说……”

透过照片，看到了孩子们研学的快乐，透过文字，感受着班主任老师的用心。我的心此刻雀跃着，立即截图，立即分享我的喜悦：“昨天天公作美，本次研学活动大伙伴们用心用情组织、陪伴，小伙伴们尽心尽情体验、挑战，这是一个‘累并快乐着’的过程，祝我亲爱的大大小小的伙伴们周末快乐！”

一场研学，孩子们翘首企盼，一天研学，老师们疲惫不堪。不妨，我们一起走进研学背后的故事吧。

早在一个月前，我们开始选择项目，行程近一点，体验多一点，项目新奇一点，价格便宜一点，安全系数更高一点，一项一项进行筛选，一番一番反复推敲，终于确定行程，为了满足不同年龄的活动需求，兵分两路，四五六年级挑战天子湾实践基地，一二年级潜入海立方神奇探秘。然后开始了每天的功课，关注天气的变化，祈愿天公作美给予我们吉时佳日好气候。

终于，11 月 15 日来了，孩子们乐了，太阳公公笑了，老师们把心提到嗓子眼里，嘴角却依然上扬，因为爱笑的人一定有好运，我们今天的好运就寄托给“平安”二字。一路上，正副班主任一个在前一个压后，眼睛睁得像铜铃，唯恐不小心落掉一个孩子，孩子们手拉着手列队前行，既是团结友爱的形成时刻，更是安全系数的提升技法。活动场，老师们立刻转换角色，有的跻身导游，补充介绍着，有的全程摄影，拍个不停；有时充当医生护士，不停地穿梭孩子们的身边，察言观色；有时又是心理引导师，鼓励孩子们挑战一个一个极限；偶尔也要当个调解员，消化消化不时出现的小别扭，当然，全程更是交通指挥官和安全督导员了。

我陪伴着62班的孩子们来到了“凌波漫步”活动区，几个女生叽叽喳喳着说害怕，其中一个说，“要不你就要罗校长陪你吧，这样就不害怕了。”其实，我也心里打鼓啊，看着你们两个两个地走过去，我打心眼里为你们竖起了大拇指，不敢告诉你们，我还有丝丝恐高症呢。可是，似乎此时我是你们的依靠，我是你们的壮胆器。明知山有虎，偏向虎山行。我赶忙脱掉外套，捋起衣袖，故作镇静和胡梦涵同学一起走进了滚筒，随着教练的“一二一二”的节奏，硬着头皮往前走，拉起绳索一步一步跨越秋千桥。一趟下来，手心被麻绳勒得麻了，双腿半天还保持着行走独木桥上的颤巍，汗珠在额头背心直冒，可是，必须借用微笑来掩盖这一切。因为，这一天里，老师就是孩子们的天，就是孩子们的力量源泉！

欢笑了一天，太阳公公疲倦了，渐渐西沉，老师孩子们也渐渐整理行头，踏上了返程的大巴车。一个个清点人头，一个个交给家长，老师们提了一天堵在嗓子眼里的小心脏终于可以归位了。

“致知在格物”。读万卷书，行万里路，经历着，才知道行路的快乐，经历了，才知晓行路的意义，“累，并快乐着”是此刻最好的诠释。一天平安落定，一天快乐无比，故，大家纷纷记录、争相分享也就自然且珍贵。

可我惊讶，研学归来，完美收官，但是每一个班主任依然马不停蹄地要记录要分享，他们都不曾落下，默默做着。此刻，老师在这一头，家长在那一头，看到这些分享，家长是否已经被温暖到？此刻，孩子们在镜头里，老师在编辑房，看到这些记录，孩子们是否有所明白？

诗词感悟

三江诗曰

太平万世韵无双，且向沧溟溯大江。混沌灯前分物我，精魂一点透纱窗。

第四章　物格章·薪火相传

经典诵读

物格而后知至，知至而后意诚，意诚而后心正，心正而后身修，身修而后家齐，家齐而后国治，国治而后天下平。自天子以至于庶人，壹是皆以修身为本。

学习分享

读过第三章，走进第四章，是不是感觉遇到了老朋友？是不是感觉作者在玩着文字游戏？本章将上文的意思，从格物至平天下而顺推上去，加以反复说明，这就是汉语言的高妙，这也正是《大学》的谆谆教导、郑重叮咛。若要我用今天网络时髦的语言来说，此时此处，古来圣贤一定是在重重地敲黑板，第三、四章就是大人之学中值得敲黑板的重中之重。

“物格而后知至，知至而后意诚，意诚而后心正，心正而后身修，身修而后家齐，家齐而后国治，国治而后天下平。自天子以至于庶人，壹是皆以修身为本。”前面七个分句我们都已了解，后面两句“自天子以至于庶人，壹是皆以修身为本”，这儿的“庶人”是指的平民老百姓，“壹”就是指“全、都、一律、一概、一切”。全句的意思是“上至帝王君主，下至平民百姓，一律都是以提高自身品德修养为根本”，无一例外。

理解了句子，我们来说一个故事，故事出自《列子·说符第八》。楚庄王问詹何曰：“治国奈何？”詹何对曰：“臣明于治身而不明于治国也。”楚庄王曰：“寡人得奉宗庙社稷，愿学所以守之。”詹何对曰：“臣未尝闻身治而国乱者也，又未尝闻身乱而国治者也。故本在身，不敢对以末。”楚王曰：“善。”

这则故事，并不是说修身和治理国家一样，而是说，能修好身，那治国就并非难事，因为很多道理都是相通的。“壹是皆以修身为本”，詹何说，“故本在身，不敢对以末。”修身是“本”，在修身面前，治理国家是“末”，“物有本末，事有终始，知所先后，则近道矣！”

《大学》第三、四章的这两段话，是元代至清末数百年间，每一个读书人，每一个为官者，所烂熟于心的。上至一国之君，下至平民百姓，不修身则无以立身，无以和睦家庭、治理天下。一代明君唐太宗曾经说过：“若安天下，必须先正其心，未有身正而影曲，上治而下乱者也。”要想天下太平，国家领导人必须先正其身，上行才能下效，反之，上梁不正下梁歪，这是老百姓常挂在嘴边的话。只有领导人自身正了，他才有勇气和魄力大刀阔斧地进行改革，他才能以民众福祉天下利益为考量，并且不必顾忌少数群体的利益，他才能突破各种无形的力量带领国家走上天地交泰、政通人和的康庄大道。所谓未有上治而下乱者，就是这个意思。

唐太宗还说："君天下者，惟需正身修德而已，此外虚事，不足在怀。"治理天下，正身修德是根本，身正而德修，才能在处理政务的过程中，虚心纳谏，为道是从，才能选贤任能，择善而从，才能平衡好各种关系，为民众带来吉祥和安宁。唐太宗一语道破天机，他是言语的巨人，亦是行动的巨人，笃信而笃行。

校园传真

薪火相传

——记"冬至"文化综合实践活动

岁月不居，时节如流，二〇一九，忽焉已至。在这年关岁末的时候，我们应该留给孩子们的是什么呢？"是文化，是认知。"因职业的习惯，我们一致这么认为。

就这样，"冬至"进入了我们的教研话题。冬至是二十四节气之一，它和清明节一样，其时间不固定，大约在每一年的12月21日或者22日，也被称为"活节"。我是一个北方家庭的媳妇，冬至必须吃饺子已潜入我的意识和生活，便脱口而出提出了包饺子的想法，是否可行呢？我们纷纷议论开来：冬至日全校中餐食谱改为饺子宴？这个显然不妥，要让每一个人吃上饱饱的一顿饺子，恐怕得要成千上万才能解馋；到超市买速冻饺子，请食堂阿姨加工？这个倒是简洁，但似乎缺少更多的认知；师生一起包饺子，全校品尝品尝，感受节日习俗即可？这样劳动体验的想法倒是符合教育理念，品味劳动成果也许能品出不一样的滋味……

有道是“三个臭皮匠赛过一个诸葛亮”，随后具体方案便形成了。我们的心随着日历的翻阅越靠越近，对冬至的熟悉也越来越进一步。

因冬至是本周日，我们将冬至庆祝活动提前两天，即今天，周五，12 月 20 日。下面欢迎进入校园来感受这份火热吧。

早晨，活动策划者及总负责人蔡老师忙开了，早早进入 61 班教室逐个检查（六年级，本次包饺子的主力军），围兜、手套是否配置齐全？各小组食材是否准备足够？碗碟盆勺是否有所准备？

活动协助部门是食堂，在学校食堂管理负责人秀姐的安排下也在默默做着后勤准备服务：再次将餐桌清洁一遍，搅拌肉末，清洗蒸汽柜，洗切葱姜蒜等配料，以备不时之需。

此刻，老师们正在加紧安排手头教育教学工作，腾挪时间准备着为孩子们来现场助力，一并小试身手。

大课间时间到了，校园里广播站如约响起，基础活动结束之后，61 班的宣讲团代表走上主席台，开始宣讲：“中华文化博大精深，二十四节气是中华民族宝贵的文化遗产之一，其间蕴含着天文地理、人情风俗。数九寒天，冬至悄然而至，一阳初始，开启新的希望。祝愿同学们如日中天步步高！今天我们就用一种最受欢迎的方式迎接冬至的到来，中午请大家吃饺子啰！”一番讲解，一声吆喝，孩子们的小身板越挺越直，小脖子越拉越长，小眼睛越睁越大，小嘴巴也不知道什么时候都咧开着。随后 61 班的全体师生把课堂搬进了食堂，系上围兜，戴上手套，开始了饺子创作实践。

今天，包饺子的活可没那么容易，摆在眼前是零散的食材，你想包什么馅得你自己搭配食材，得你自己搅拌食材；想包多少饺子容不得你任性，都有任务量；包好的饺子还得有形有色，得外加一个创意拼盘比赛；饺子煮熟之后，你得扮演服务员分发送达到各班各餐桌，送上冬至祝福，这些自然是少不了的。因为别忘了，这是一个劳动的课堂，这是一次文化的感知。任务在身，不容怠慢，唯有自主合作探究起来才是。各小组在组长的带领下迅速行动，老师们陆陆续续来了，点赞的，提醒的，助威的，加油的，更多的是以身试法者，好一番热热闹闹的场景。

午餐时分，这是今天最开心的时刻，食堂阿姨早有预案，一边蒸饺，一边煮饺，两种加工方案同步进行，61 班的同学们将一盘盘饺子摆上餐桌，送到各班班级，到处都是热气腾腾，那韭菜鸡蛋香、芹菜肉末鲜、蘑菇虾米味充溢着你的鼻翼，大小伙伴们的味蕾瞬间被挑起。

忙乎了半天下来，此刻说点啥呢，都化成最简单的表白：“好吃”“好玩”“呵呵”“哈哈”“有意思”……

自从“不提倡在校园里过洋节”的建议出台，我们就对传统节日的感知引发了思考，2017 年学校立项了一个市级十三五规划教育科研课题，题为“中国传统节日文化综合性实践活动的研究”。自此，每一个学期，我们都会针对一个传统节日来开展思考，至今五个学期开展了五个节日主题活动，分别是“上巳节”“端午节”“重阳节”“腊八”和“冬至”，几个活动均是面向全体师生，以综合实践活动的形式来实践着。至今我清晰地记着：

2018年农历三月三我们走进郊野采集荠菜，搜集食材煮鸡蛋，孩子们放风筝，制作服饰，品读诗词，一系列的实践体验让我们知道三月三还有很多美丽的名称和有趣的习俗，它叫上巳节，也称女儿节，桃花节，是壮族、侗族等少数民族隆重而盛大的节日。我也清晰地记得：2018年下学期期末，孩子们广泛访谈学习，认识腊八食材，熬煮腊八粥，我们搜集腊八谷物制作拼贴画，还衍生出画灯笼，写对联，养水仙，送祝福等一系列迎新年活动。在这些节日中，我们为孩子们，也为自己打开了一扇了解祖先的窗口，感受着中华文化的丰富多元，感受着中华民族生生不息的美好梦想。

自古以来，五谷丰登，丰衣足食，就是人们美好的愿景，也许，这也是中国传统节日都离不开美食的品味和分享的缘故吧，吃在嘴里，品在胃中，记在心头，原来节日可以这样感知，亦可如此传承。弦歌不辍，薪火相传；文以化人，继往开来。我们有理由相信，文化的认知必是树立文化自信的有效途径。

诗词感悟

四支诗曰

事有本源无可疑，寻根剥茧更成丝。九连环处环相扣，捷径从来上路时。

第五章　本乱章·末雨绸缪

经典诵读

其本乱而末治者，否矣；其所厚者薄，而其所薄者厚，未之有也！

学习分享

这一章文字简短，仅24个字，以一个“！”结尾。我们在诵读这一章节时语气应该随标点符号的提示有所变化，或铿锵有力，或掷地有声，你会用怎样的情绪来诵读，我们先谈谈理解，自然就有了定论。

这里再次出现“本末”，在这儿，“本”依然是指“根本的、核心的”，“末”这儿是说“最后、终于、末梢”；“治”，即指“治其国”。“厚薄”是一对反义词，“厚”指“厚重、丰厚、推崇、重视”，“薄”则恰恰与之相反，指“轻薄、不充实、不厚重、轻视”。“否”和“未”，都是否定词，“否矣”，“未之有也”，意思表达干干脆脆，“不可能”“从来没有!”结果的出现显而易见，毋庸置疑！是什么过错导致了这样不可能的结果呢?

整体阅读，答案便会浮于眼前：一个人，如果将自身品德修养这个根本破坏了，而最终想要把齐家、治国、平天下等事情办好，那是不可能的。在处理问题的时候，应该重视的大事情被轻视，不应重视的小事情反而被重视，本末倒置，这样做事情是从来不会有成功的!

是什么过错导致了这样不可能的结果呢？是“其本乱”，是丢了根本，忘了根本，忽略了根本的东西，把心思花在了不该花的地方。

古有，唐玄宗，开创了开元盛世之后，逐渐开始满足，沉溺于享乐之中，没有了先前的励精图治精神，也没有改革时的节俭之风了，甚至干出荒唐事，招儿子寿王李瑁的妃子杨玉环进宫册为贵妃，集万般宠幸于一身，整天歌舞升平，无心论政，引发了安史之乱，导致生灵涂炭，让唐朝走上衰落的道路，自己也凄凉离世。“自天子以至于庶人，壹是皆以修身为本。”不立身何从立业？无德便无得，他们就是本末倒置的前车之鉴。

身正得国，本乱失国。看看“正”字的构成，“止”字上面一个“一”字，意即沿着一条正确的路走到头则为正，沿着美好的方向一路向前才是正确之举。历史不能改写，成功不可复制，但史可为鉴，功有法则，无规矩不成方圆。此时我们擦亮心眼，以史为鉴，以本为本，便可铿锵前行，因为“其本立而道生，其本固而末治，定矣！其所厚者厚，而其所薄者薄，德亦得也!”

校园传真

未雨绸缪

——记一次应对校园停水事件

近日，大家相互转告一个讯息：“12 日零点至 13 日零点，河东地区全面停水。”昨天，全体老百姓统一行动，早早回家，主动蓄水，以备 24 小时之内一家生活用水所需。

一家三口的问题好解决，学校问题怎么办？500 余名师生，一天的中餐怎么办？一天的洗手、如厕、冲厕怎么办？水是生命之源，没有水源的一天摆在了面前，以上几个问题接踵而至。食堂负责人秀姐第一个做出反应，立马会同后勤主管部门交流，我们很快达成共识：继续开餐，且保证中餐按时按质。应对的方案如下：一是 11 日下班前充分蓄水；二是调整菜单，采购易洗或免洗原材料；三是采购蛋糕以备不时之需；四是备好湿纸巾保证用餐的洁净卫生。

食堂餐饮问题如此这般计划，已不成问题。如厕呢？面对这个问题，我们一时犯难了，有的提议，明天只启用一楼卫生间，每个课间安排一个人冲厕；有的提议，叮嘱全校师生明天都在家大便为好，这样厕所空气污染相对会小一点；也有的说，倡议大家明天都少喝点水为妙……这些，似乎都不是上上之策。“请问诸位，还有何高见？”我相信，我们还可以做得更好，绝不能因为一个停水，非弄得如厕要排队、要计划、还要憋屈。“不就是缺水吗？那我们就攒劲蓄水，蓄足水量，生活不就一切可以照常了吗?”一语激起千层浪，思维一下子被刺激开来，下班之后，我和廖书记不约而同到六个卫生间一一走访，开始蓄水行动，水桶不够垃圾桶来凑，水勺没有就相互提醒从各家寻来，直到每一间备足了满满的四桶水才放心。这时，支起身子，才感觉到我的双脚在鞋子里捉起了泥鳅，鞋子里也蓄满了水。

今天一早，果真停水。赶在上班之前，我编辑一条信息发至班主任群：“伙伴们早上好，今天果真停水了。也许今早你发现你班级的灰色垃圾桶不见了，那是因为我们昨晚蓄水工具不够，临时决定借用了，请大家克服，明再归还。另外，请各位班主任今早再作提醒，要孩子们如厕时尽量靠里边的两个，且及时舀水冲厕。”班主任老师们总是校园里最细心的那一个，随即一个个回复，纷纷利用晨读时间温馨提醒着。

尽管如此，我依然不能安心坐下，几个楼层留意着，路过三楼，看见女卫生间有一大一小两个身影在张贴着什么，走近一看，是洋洋老师和她班的一名小女生，她俩配合着，在厕所靠前的几个蹲位门上贴上一个纸条：“此处今日休息，请靠最前端蹲位如厕。”哈哈，这一招行动比我的信息传递来得更直观，年轻老师的思维就是活络，小创意大作用，我佩服。转眼，六个卫生间的创意提醒全部到位，老师们也都为洋洋老师点赞!

因为有备，校园一切如常。中午，我们按时就餐，请看看我们的盘中餐：花生米炖筒子骨汤正冒着热腾腾的香气，千叶豆腐鸡丝一红二白，还有胡萝卜炒肉泥、手撕包菜色香扑鼻，外加每人两个蛋糕点心，孩子们可乐呵了。这个午餐，我也吃得格外开心，蛋糕、饭菜，一扫而光。下午放学，我再次光临卫生间，每一间的蓄水桶里都有节流，借用蓄水的垃圾桶大多已回归各自教室，校园里空气清新，真让人好一阵欣慰。

我忍不住采访了几个孩子们，听听他们怎么说：“今天好开心，妈妈还担心我中午会吃不饱，可我还吃撑了。”“……还有蛋糕好好吃的。”“今天我真正地做到了惜水如金，上完厕所我都只舀一点点水去冲冲，生怕浪费了水资源。”

回望这一天，我的耳畔响起这句话，“只要思想不滑坡，办法总比困难多。”停水事件让我们经受了考验：问题来了，每一个部门都能对号入座，想想它会给我们带来怎样的困难，无一回避；困难来了，我们积极应对，你一言，我一语，献策献物，办法在交流中生成；办法有了，我们迅速行动，轻重缓急井然有序，停水事件也美好。今日份成长更是真切体验：本末有置，未雨绸缪，方可不变应万变；轻重颠倒，临渴掘井，终归缓不济急。

诗词感悟

五微诗曰

百花春起斗芳菲，风解秋心一叶飞。千里堤中寻蚁穴，黄泥岗上说巍巍。

第六章　康诰章·如隔三秋

经典诵读

《康诰》曰："克明德。"《大甲》曰："顾諟天之明命。"《帝典》曰："克明峻德。"皆自明也。

学习分享

《大学》开篇就说明了何为大学之道，其中摆在第一位的就是"明明德"，在这儿用一个章节再来阐述，引用三个经典语句，阐明"明明德"的道理。《康诰》《大甲》《帝典》都是《尚书》中的篇目名称。

《康诰》这个篇名是记录周朝武王与其同母的弟弟康叔的篇目。周武王的同母弟弟，姓姬，名封，是周文王的第八个儿子，被武王分封在国都附近的康国为侯，所以叫康叔。因为弟弟的年龄很小，武王作《康诰》来告诫弟弟要如何治国，如何善待民众。“克明德”的原文是“惟乃丕显文王，克明德慎罚。”这个“克”是“制胜、克胜、能够”的意思，原句的意思是说，“只有我们那个仙逝的伟大父亲文王，能够彰显光明的德性，并慎用刑罚。”智慧的武王以父王为榜样，为例子，写下家书，这既是武王对弟弟的忠告，也是武王对父王的崇敬之意！一代宗圣曾子借一封家书告诫众人：“能够彰明自己的本性”是人之追求，是难能可贵的。

《大甲》曰：“顾諟天之明命。”“大”即“太”；“顾”是指“常常回顾、想念”；“諟”是通假字，通“视”，即“审视”之意。这个句子来自《尚书·商书·大甲》上，原文是这样的，“伊尹作书曰：‘先王顾天之明命，以承上下神祇，社稷宗庙，罔不祇肃。’”这段话的意思是，“伊尹作书告诉大甲：先王成汤常常看着这个上天赋予的光明本性，不使自己偏离，并用这个心去真诚地侍奉天地神明和社稷宗庙，庄严敬奉，没有一丝的怠慢。”

大甲，是人名，他是商代国王，是成汤王的嫡长孙，太丁之子。他刚开始继位的时候由伊尹辅政。大甲刚继位的那几年，不修德政，受小时候几个玩伴的引诱，顽劣的性格暴露无遗，为非作歹。此时辅政他的是伊尹，伊尹见此极度担忧，于是想出了一个看似不可理解的下下策，把大甲放逐到成汤墓地所在的桐宫，让他自我反省，三年后，大甲果真改过自新，伊尹倍感欣慰，还政于他。历史上称这段历史为“伊尹放大甲”，并作《大甲》上中下三篇予以记录。在此，一代宗圣曾子借大甲的成长故事告诫众人要“经常审视上天所赋予我们的德性”。《论语》的《学而》篇中也有对此的记载，“曾子曰：‘吾日三省吾身：为人谋而不忠乎？与朋友交而不信乎？传不习乎？’”

“《帝典》曰：‘克明峻德。’”来自《尚书·虞书》中的《尧典》。原文是这样的，“克明峻德，以亲九族。”意思是尧帝能够彰显光明的本性，然后用这个光明的本性去亲近自己的九族，让九族的人都很和睦，不起纷争。在此，曾子借尧帝以修身为基本，完成齐家治国之大业的典范，告诫人们彰显德性的魅力。

引用了三句经典之后，曾子才开始表明自己的心意，四个字，“皆自明也”。写下这段话时，他一定是语重心长地发出肺腑之言：“孩子们，这些都是在告诉我们要靠自己来彰明上天赋予的德性啊！”

下面再对全章的意思回顾：《康诰》上说，“能够彰明自己的本性”；《大甲》上说，“经常审视上天所赋予我们的德性”；《帝典》上说，“能够弘扬伟大崇高的德性”。这些都是在告诉我们要靠自己来彰明上天赋予的德性。

曾子为什么要引用《尚书》上的文字，而不直接说明呢？我认为原因是这样子的，引用《尚书》的字句，意思是说修心是有据可查的，不仅孔子修心，以前的帝王大臣也修心，让人们更加坚定修心明德的决心。言下之意是说，《康诰》上说了能明明德，《大甲》说可以明明德，《帝典》也是这么说的，这些帝王都是修心成业的，大家都能彰显自己的本性，这还有什么可以值得怀疑的呢？

清代名将左宗棠给自己写了一副对联：身无半亩心忧天下，读破万卷神交古人。在这副对联中，左宗棠想让自己神交古人，这是什么意思呢？他是想让心灵和圣贤相通，提高克服困难的勇气。今天我们在遇到困难时，也常常有人喊出号子，唱着歌儿：苦不苦，想想长征二万五，累不累，想想雷锋董存瑞。当一个人修心到一个高度之后，把金钱和神交古人相比，把困难和神交前辈相比，自然能体会到今天的幸福不止多一点点，在这个进程之中，人也就能渐渐生发淡泊名利之心。

天下兴亡，匹夫有责！以圣心做己心，克躬励己，德行高尚，必然事业亨通，完成使命！

校园传真

如隔三秋

——记一次短期外出培训学习返程有感

“湘渝”即相遇，聚散总有时。五天的重庆学习告一段落，今已踏上归途，11：35 咱们一行人坐上 G139，心，随着轱辘向着前方飞驰，脑海里边一一细数着今天学校的事事物物：12：15，正在进行全体老师的会议，书记预计 15 分钟的会议大家能聊完吗？14：30，足球小子们首战滴水湖学校球队，今天孩子们能写下进球的纪录吗？15：30，全体教师的普法考试与全校学生专业素养课时间重叠，是否能井然而顺利……

说好不想，说好上车睡觉，谁知，中枢神经战胜了自主神经，一个叫作“情不自禁”的东西作怪，且持续作怪。

17：10，G139 平稳停靠湘潭北站，我们一路雀跃着下车出站，看看时间，17：20，正是学校社团素养课下课时段，“把我送到学校吧”，我对的士司机脱口而出。

这个时段正值下班高峰期，估摸待我赶到学校最快也是 18

点开外了，去干什么？没有具体的事情，就是一种习惯使然吧，每个周五，全校师生陆续离校之后，我总要把学校来回走上一遍看上一圈，今天是周五，习惯亦然。

终于抵挡不住困意，一偏头靠着座椅迷糊起来，偶尔感觉手机振动几下，好一会，眯缝眼睛扫过，“校长，下个星期就回来了吧？”嗯，是聪聪老师传来的讯息，是聪聪遇到什么事情了吗？我心头一紧，立即回复，“我正在回来的路上，是不是有什么事情？”“没有嘞，就是一个星期没看到您，怪想念的。”哦，我如释重负，瞬间一股暖流暖遍全身。此时睡意全无，看着汽车挤过车流，穿过绿灯，闪过一路熟悉的风景，心随着脚步渐渐靠近心之所向之地。

“……听说您就回学校了？”接着，茜茜老师的信息蹦到了屏幕上，同时附上一个大大的笑脸，“嗯，就到学校了。”我也如实汇报，送上一个调皮的表情，这也是此刻我真实的心情，和温暖的人在一起，永远没有孤单与疲惫。

秋分已过，天幕一天比一天拉得早起来，赶到学校已经天色朦胧。模模糊糊看到校园里有老师和学生的身影。“校长，您回来了。”这么清脆的声音，一听就是茜茜老师，这么晚了，她还在学校，我立即明白，今天是周五，是她值班，一定是因为还有孩子没有被家长接走，她在守护着。我赶紧走过去，“茜茜，这么晚了，你赶紧回家吧”，说着，我俩便一起召集着在校园里活跃的三五个娃到传达室等候家长。“校长，校长”，随着喊声，一个人影从一楼办公室蹦跳着出来，是本学期新请来的临聘老师蓉蓉，小小丫头21岁，家住在我市的另一个区。此时都是晚上近7点钟，茜茜老师是学校德育主任，是今天值班的行政人员，这一会她还在学校我心坦然，可小小的蓉蓉老师还在办公桌前忙碌着，我心澎湃，这是一种怎样的主动，是一种怎样的责任，是一种怎样的使命？这就是老师，人民的教师！

有人说，“一日不见，如隔三秋”。这一次出行，我也真实感受到，外出几天，装着的是满心想念，挥之也不走。分别几天，返程路上是满心愉悦，迎面而来的是温暖，真真切切地感受着伙伴们满心的牵挂、小小的想念、欣喜的问候、雀跃的相见……伙伴们，你们的心底温柔有光，悄然给人带来幸福。有人说，“一个人感动一座城”，那么，一群人足可温暖整个校园。站在暮色校园，我深深自问：“接受这一切，我，亦何德何能?”

犹记得，2018 年 1 月 25 日，一纸任命，局领导把我送到这个校园，我带着忐忑和丝丝迷茫，站在校门口，看到“红霞”两个字，突然想到自己的名字“光辉”，顿时就有一种感觉，冥冥之中，我和这一方天地是有缘的。“霞光”，是指日光照射云霞上所反映出来的光彩。多指日出或日落前后，在太阳附近天空由大气对阳光的折射、散射和选择性吸收所造成的色彩缤纷的景象。显然，霞光是自带温情的，是美丽灿烂的。我，就应该有传递温暖的使命，应该要有创造美好的行动。就在那一天，我在心里写下一个心愿：“向着霞光，从心出发”，在办公室挂上一块匾：“成人之美，明德惟馨”。

转眼，三年过去了，我牢记“成人之美”的诺言，从心出发，我们以心交心，从陌生走到相牵。我一直以为，不是最好的时光有你们，而是，因为有你们才有最好的时光。

诗词感悟

六鱼诗曰

千回百折问心初，动有天涯静不虚。箪食豆羹三省处，一窗明月一床书。

第七章　盘铭章·推陈出新

经典诵读

汤之《盘铭》曰："苟日新，日日新，又日新。"《康诰》曰："作新民。"《诗》曰："周虽旧邦，其命惟新。"是故君子无所不用其极。

学习分享

第七章和第六章文章结构相似，先列出三处引文，再作出总结。这也是《大学》写作上一个鲜明的特点，围绕一个中心论点，拿出古人圣贤所言所行来进行论证，论据有力，论证得法，论点突出。《大学》不仅是一本充满智慧能量的教程，也是一本指导写作技能的教程。

第七章的论点是什么呢？扑面而来的就是一个又一个"新"字，"苟日新，日日新，又日新。""作新民""其命惟新"。没错，本章就是在真诚地告诫人们要不断创新。创新，从商朝走到周朝，从远古走到现代，毋庸置疑，创新，也必将从今天走向未来，成为推动时代前进的一把利剑，一把宝剑！

先看商汤时代，商汤王在“盘铭”上刻了9个字：“苟日新，日日新，又日新。”9个字不难懂，倒是得先来关注这个盘，认识认识什么是盘铭？“盘”，是青铜制的盥洗用的器具；“盘铭”是指刻在器具上歌颂功德、警告自己的文字，后来变成一种文体，叫作“座右铭”。历史上，许多中外名人都有自己的座右铭。此“盘铭”正是商汤王对自己治理国家的一段自我提醒的文字。古人有一日三沐发的说法，此“盘”恐怕也是商汤王每天接触最多的一样物品，想必他就是为了不断地提醒自己：我每天要洗涤身上的污垢，焕然一新。《礼记·儒行》也有说道：“澡身而浴德。”其实，商汤王同时也是在时时刻刻不忘弃旧图新。那么商朝的科技发展是怎样的情况呢，有史书记载、考古发现记录：商朝时期，青铜器的铸造技术发展到高峰；中国音乐进入了信史时代，大量精美的乐器出现了；发明了商代甲骨文、金文、商代日历，商代甲骨文中有多次日食、月食和新星的记录；数学，有明确的十进位制、奇数、偶数和倍数的概念。

如今，我们也可以把自己的梦想追求化成一句话一个词，将它作为我们的座右铭，然后像商汤王一样把它刻在洗盥台上，也可以把它刻在床头、案头、书房、客厅……这说不定还是家里一道风景，当然它也有可能为你成就人生的美丽风光。鲁迅先生不就曾经在三味书屋的课桌上刻上一个“早”字了吗，所以鲁迅先生成了一个和时间赛跑的人，“哪里有天才？我只是把别人喝咖啡的时间用在了工作上罢了。”如今，我也效仿着弄了个座右铭——“成人之美”，把它挂在办公室里，时刻鞭策我，努力学习，开拓创新，排除万难，竭己之力，引导全校师生遇到最美的自己，建设一所精致的村小。

再来看周朝，《诗经·大雅·文王》上有对“新”的记录。《诗》曰：“周虽旧邦，其命惟新。”意思是说，“周朝虽然是一个古老的国家，但周文王能秉承天命，自我革新。”三千多年前，周文王禀受天命，昭示天下：“周虽然是旧的邦国，但其使命在革新。”正是因为这种废旧立新的“革新”精神，使得当时各部落在周文王的统治下势力强盛，为之后周武王伐纣灭商提供了物质准备和精神支持。

产生于三千多年前的这种“革新”意识，在今天可解读为解放思想，改革创新。我国领导人亦高屋建瓴地指出：“创新是一个民族的灵魂，是一个国家兴旺发达的不竭动力。”中华民族虽是一个拥有悠久历史的国度，但是不断改革、创新与发展更是我们的历史使命。提高自主创新能力对于建设创新型国家、增强我国国际竞争力的重要意义不言而喻。

所以，文章最后提出中心论点，予以强调，“是故君子无所不用其极。”“故”意为“因此”；“无所”意为“每时每刻”；“极”意为“尽头、顶点、极品”。全句意思为“因此，作为一个君子，每时每刻都应力求达到最新的生命境界。”这是对前人的褒奖，也是对后人的忠告。

校园传真

推陈出新

——记 2019 年校园秋季运动会

“秋冬到，天干燥，谨防火灾很重要，运动会里学消防，心中竖起防火墙！”

“消防安全齐参加，预防火灾靠大家！”

……

11 月 22 日上午，清新的校园口号阵阵响，脚步铿锵行，听到这些声响，你一定果断定论：“学校正在进行消防安全演练。”对也，亦非也。此刻校园正在进行的是你想象的模样，但又不尽相同。“一年一度校运会，恰是橙黄橘绿时”，没错，校园里正在进行的是“牢记使命·筑梦平安”消防主题安全运动会。

“消防安全”相逢“校运会”，强烈激发了老师同学们的创新思维，各班的入场口号不再停留于“拼搏”与“挑战”，你听听，这是来自 68 班“二年二班，非同一般，全民消防，共建平安”；“消防安全齐参加，预防火灾靠大家”这是来自 63 班的，最有韵味的就是在文章丌篇被我摘录的那一段，出自六年级 61 班之口。各班的服装也不满足于校服的统一，你瞧瞧，65 班全体师生换上一抹亮橙，消防服上醒目的“119”宣告“我是小小消防员”，雄赳赳气昂昂，满脸是自豪；64 班不愧是美术特色班级，大家自制一张消防卡，或“红火苗”，或“蓝水滴”，彰显出“火来水淹”的消防之道，色彩鲜明，传情达意，一目了然。

11 个班级，迈着整齐的步伐，嘹亮的消防口号声拉开了此次安全主题趣味运动会的帷幕。别出心裁的运动项目更是掀起运动会一阵又一阵浪潮。首先进行的是三个学生团体项目，分别是“逃离火海”“火速救援”“抢运伤员”。孩子们的消防行动进行得如火如荼，是时候让老师们上场进行直观行动教学了，即“灭火接力”。单看着几个项目名称就是惊心动魄，加上茜茜老师的相机解说，全体师生入情入境，逃生、灭火、救护，悄然唤起消防意识，悄然获得消防知识和技能。赛中的紧张协作，赛后的欢呼雀跃，奏响了校园里美妙的乐章。

观摩的家长，路过的行人，纷纷点赞“长见识了”。老师孩子们更是欣喜地说：“推陈出新，寓教于乐。”是呀，此次活动不仅让孩子们锻炼了身体，还培养了他们勇敢顽强、团结协作的意志品质，更是给学校全体师生上了一堂生动而有趣的消防安全知识与技能的教育课。这样的运动会着实令人难忘。

每一个美好的呈现都有一个精心的幕后故事。老师们所感悟的“推陈出新，寓教于乐”这八个字，正是本次活动的初衷。我们学校，只有 11 个班级，五六年级分别只有一个班级，二至五年级也各只有两个平行班，目前这样的班级结构，在运动会上难以体现竞技的比拼，也可以说没有竞技比拼的意义。大规模学校，校运会只要中规中矩即可，光有班级间的奋勇拼搏就足够扣人心弦了。如今我们置身的是小规模学校，该怎样让校运会发挥出最大的价值呢？这就是摆在面前的一个课题——“因校制宜”。为此，我和我的伙伴们交换着认识：校运会的根本宗旨不能丢，唤起学生的运动意识，培养学生的拼搏精神，提升学生的运动能力和身体素养，这是根本任务。但在目前阶段，我校校运会不能走常规路线，得变异，得变通。这时候“情境”二字闯入了我的视线，什么情境较合时宜呢？11 月份正是消防安全主题工作月，前不久，安全员星星老师不是正愁消防主题活动没来得及开展吗？大伙一拍即合，逐渐达成共识。就这样开展一场“消防安全”主题运动会的思路摆上了案头，紧接着，各抒己见，部门联动，比赛项目、比赛方案、比赛倡议，到此刻眼前的呈现，一气呵成，完美！

学生，是个体，是个性化的，故，教育必须因材施教；学校，很独立，有本土特质，故，管理需要因校制宜。有了这两年的工作经历，让我对此更深有体会。如今，我立足的是只有五百来师生的校园，很多时候，绝对不能照搬曾置身于两千多名师生的学校经验，所以，有时候觉得工作起来有点难，难的是，虽然有过十余年的行政管理经验，如今校园的基础差异，使得这些经验只属于过去，但也有可喜之处，因为精神可以搬来，理念可以变通，那就是“精细化管理”“人性化建设”。

就拿这场运动会来说吧，如果我们也不经思考，随便来一场常规运动会，其结果呢，自然是全体师生都会积极配合，各司其职，吆喝一天，真实朴素化成那个平平淡淡的常规运动会。而今，“情境”促成运动会与安全教育两项工作合二为一，其“融合”的实践行动与社会发展观完全吻合，全新的构思刺激着全体老师八仙过海，各显其美，引导着学生“乐在其中”，从工作数量、从工作质量多方面来看，都呈现了一箭双雕的可喜面貌。

我记得有过这样的论断：天才的骨髓里有不断体验新鲜事物、学习新知识的饥渴，这是他们的天性。科学研究显示：新鲜事物刺激大脑产生多巴胺，多巴胺不仅能使人的心情愉悦，让我们的学习热情高涨，它也能提高工作动力，更重要的是能刺激新的神经细胞形成。

2019 年红霞学校秋季运动会推陈出新，是对“寓教于乐”的真实诠释。我们将一如既往以积极饱满的精神状态来探索教育策略，乘风破浪，开拓创新，为孩子们的成长启航、护航。

诗词感悟

七虞诗曰

虎变逢时道不孤，春风一夜醒屠苏。风华只在前行路，沙塔腋裘明月珠。

第八章　邦畿章·择木而栖

经典诵读

《诗》云："邦畿千里，惟民所止。"《诗》云："缗蛮黄鸟，止于丘隅。"子曰："于止，知其所止，可以人而不如鸟乎？"

学习分享

邦，为开口音，读来特别响亮有气势，看到"邦"这个字符，你会想到什么呢？也许瞬间浮现于你脑海的是一代帝王刘邦，也许是国泰民安、兴国安邦这些词汇。在这儿，邦，是指君王居住的都城及其四周的地域，指靠近国都的地方。国都，是一个国家政治经济文化的中心，古往今来是人之向往的地方。那么，在这一章节里，要讲述的是与国都相关联的什么内容呢？

首先我们一起来看看本章的文章结构，这一章就三句话，三句话全部是对原文的引用，第一、二句出自《诗经》，第三句是孔子之言。三句话，深入阐明达到最高境界的道理。

第一句，引自《诗经·商颂·玄鸟》："邦畿千里，惟民所止。""邦"前面已经讲过，是指靠近国都的地方。"千里"两个字，常出现在经典语句之中，比如，"草原，一碧千里，而并不茫茫"（老舍《草原》），"千里冰封，万里雪飘"（毛泽东《沁园春·雪》），"千里迢迢"……读着这些词句，我们便知道"千里"一般不是实指，而是虚指，表示路途遥远或者区域广泛，这儿就是表达"区域广泛，幅员广阔"之意。"惟"在这是一个语气词，表示肯定的意思。"止"呢，在这儿，可根据句意的需要，理解为"居住、栖息"比较通俗明白。交流到这，"邦畿千里，惟民所止"就不难理解了，它是说"国都幅员辽阔，是老百姓最安定的住处。"想想我们今天，北京是我们的国都，据统计，北京常住人口突破 2000 万，达 2018.6 万人，其中外来人口占 37%。为什么人们对北京如此向往？读了《诗经》就更明白了，从古至今，国都都是一个国家最繁盛的地方，也是政治、文化、经济交流中心，居住在这儿，意味着信息更畅通、科技更前沿、教育更优质，似乎机会更广阔，发展更有前景，生活更有保障，符合安居乐业的基本条件。

第二句引自《诗经·雅·绵蛮》："缗蛮黄鸟，止于丘隅。"这一句相对通俗易懂一些，"黄鸟"即"黄雀"，"缗蛮"就是指绵蛮的鸟叫声，黄雀鸟叽叽喳喳地叫着，那是它在表达一种心情的愉悦，因为什么呢？因为它选择栖息在山丘边的丛林里，生活快乐着。山林里富含氧离子，远离喧嚣，与草木相依，与虫鸟相伴，将小小轻盈的身子置于丛林之中，既相对安全，也算拥有一个宁静独立的隐私空间，这着实是一个鸟儿生活繁衍的风水宝地。

第一、二句，描述了人类、鸟类的不同安家理念与行动，就一个住所传递出了人、鸟不同的生活所需、所乐，折射出来的都是一种智慧的选择、实在的追求。读着《诗经》，想象着自然中万物的生活起居你有什么要表达的呢？孔子有话要说，不过这一次，先生没有直抒胸臆，而是抛出了一个问题，子曰："于止，知其所止，可以人而不如鸟乎？"此处是一个反问句，无须你回答，却是一番忠告："哎，黄雀起居时，都知道要安居在什么地方才更适合自己，难道人反而不如黄雀吗？"这一句话，先生要给予人类的忠告是什么呢？引发你的思考又是什么呢？

校园传真

择木而栖

——欣闻63班教室窗台喜见鸽子筑巢

这个星期随一行教育精英们来到山城重庆，这是来现任学校两年里第一次利用一个星期的工作日离开学校，心里的牵挂不言而喻，一到学习间隙，就在工作群朋友圈里寻找红霞的身影。今日真有意外，两幅图片跃然眼前：图一，65班教室北边窗台上枝丫交错，其间一只闪亮闪亮的白色蛋，静卧安好；图二，一只灰色的鸽子，蓬松开全身的羽毛，蛰伏在枝丫丛中，静伏安然。

隔着屏，我似乎看到了老师孩子们惊讶得眼睛睁得溜圆，似乎听到了孩子们悄悄耳语奔走相告窗台的秘密，似乎我也置身他们中间，轻悄悄地抬着脚步拿取学习用具，不然，小鸽子哪能这般安然坐伏着，孵化着？转眼，便见留言区里一番热闹，洋洋老师说，“友善的孩子们迎来了新的朋友”；肖老师说，“多好的写作素材”；艺静老师感言，“我们学校生态环境是有多好”；叶蕾老师更是感慨，“好一幅温情的画面”，还随即赋诗两句，“秋光悦鸟性，窗影共悠悠”。看着这，我不禁捂着嘴偷着乐，也不禁留言：好一个充满生趣的时空。

是啊，今日之景不多得，我们都知道，鸟类是一种非常敏感的动物，鸽子亦如此，只要身边有一点风吹草动，它们绝对扑棱棱翅膀远走高飞。今日这番景致，我们可以骄傲地告诉孩子们，鸟择良木而栖，这方风光甚好！

小鸟在我们校园搭窝筑巢已不是第一次，记得上个学期，那天我正准备下班，学前班的一个小朋友特别兴奋地跑过来，语无伦次地喊：“校——校——校长，我们学校要有喜事了，燕子，燕子搭窝了。”他一边说着一边拉住我，我顺着他手指的方向看去，果然，在一楼东头走廊角落的电线上，有一个燕子窝的半成品，地上还散落着两根小树枝，转眼，一只燕子“簌”地飞过来，停留在燕窝上，转眼，又“簌”地飞跑了。瞧这孩子的见识，这认识，这智商这情商，那一刻我的疲劳与倦怠被这番话、这番精致所融化。我自小也有听说，“燕子到，喜事到”。《孔子》一书有记载，“良禽择木而栖，贤臣择主而侍”，“鸟择良木而栖，人择君子而处，心择善良而交。”今天，再看到鸟儿来校安家一幕，似乎我的心不容许我平静，我们常说生成，这不就是校园里生成的教育素材吗？面对这个生成的又如此有趣的素材，我们该怎么利用呢？我想着，于语文老师，我们可以来一场静悄悄的教学，静看，静思，静静地记录今日见闻吧；于美术老师，我们可以来一场想象创作，搭窝、栖息、生蛋、孵化，试着创作一组鸽子生活空间连环画吧；于科学老师，我们可以来一场生命的讨论也未尝不可。于班主任呢，不妨打开经典名著，依“择木而栖”这个成语来展开一场诵读抑或摆开一场辩论擂台，这样的思政教育保不准会另有洞天……

坐在培训学习的课堂，我一面倾听着专家的引导，脑洞打开，一面回味着校园的画卷，思绪翻飞。学习和思考都是明天工作的动力，学校对于我来说，是怎样的存在？是责任，是义务。前进是责任，努力是义务。“鸟择良木而栖”，鸟儿的频频落户告诉我们这是一方好山水，如今，一拨一拨的孩子们选择学校，选择我们，他们是睁大眼睛带着期盼，满怀希望而来的，为其造一丛良木让其快乐栖息，便是我们的职责。“人择君子而处”，团队成员的不断补充壮大，提醒我们，这是一个个有所期待的伙伴，我们现有 28 个人的团队，其中有坚守这里十年甚至几十年的，有接受组织安排分配到此刚刚开始新工作的，也有刚刚步入社会的年轻姑娘小伙子，我们变成了彼此身边的“君子”，以己之力能成他人之美，便是我们的义务。

今天，我们发现了，明白了，思考了，那就让我们“心择善良而交”，一路携手向阳。

诗词感悟

八齐诗曰

长山远水见高低，中有行藏动鼓鼙。其位谋将其政在，宁于南北问东西。

第九章　文王章·金枝玉叶

经典诵读

《诗》云："穆穆文王，於缉熙敬止！"为人君，止于仁；为人臣，止于敬；为人子，止于孝；为人父，止于慈；与国人交，止于信。

学习分享

这一章开篇引用的是《诗经·大雅·文王》中的句子。穆，指美好、恭敬、和畅之意，将"穆"字重叠而用，强调其美好的程度之深，可理解为深厚广博的意思；於，叹词；缉，绵绵不息；熙，光明通达，可以理解为前面所说的"明德"。那么整句话的意思就是感叹文王能够不间断地保持着自己的"明德"，以诚敬之心，朝着"至善"不断努力。读着这个句子，能感受到人们对周文王的赞美之词溢于言表："周文王真是一个充满智慧，深厚广博的人啊！他不懈地修养自己的德行，他的美德实在是绵绵不息，光明通达，人们无不崇敬。”

周文王，姬姓，名昌，（前1152年—前1056年），周太王之孙，季历之子，中国商末周氏族首领，周朝奠基者，岐周（今陕西岐山）人，受追封为王，史称周文王。在位50年，是中国历史上的一代明君圣人，《诗经·大雅·文王》就是对他的颂词。

儒家文化讲究君君臣臣，父父子子。君、臣、子、父、国人都各有其所“止”，大人之学就要学习践行做人行事均要努力做到“止于至善”。那么，在自己身为君、臣、子、父、国人时，在面对君、臣、子、父、国人时，我们怎样各其所止呢？与之对应，用五个字给予指导：仁、敬、孝、慈、信。文中这样写道：为人君，止于仁；为人臣，止于敬；为人子，止于孝；为人父，止于慈；与国人交，止于信。意思是说：“德行深厚的文王啊，他的美德使人们无不崇敬。作为君王，他做到仁爱百姓；作为臣子，他做到恭敬君王；作为孩子，他做到孝顺父母；作为父亲，他做到慈爱子女；在和民众的交往中，他做到诚信他人。”

让我们翻开历史，一起来欣赏这段美好。周文王，做国君时，“克明德慎罚”，施行裕民政策，实行仁政，敬老爱幼，礼贤下士，国力日盛；做臣子时，他一心遵守职务的公德，（因文王曾为商纣时期的西部诸侯）；身为儿子时，竭尽全力孝顺父母，接过父亲的接力棒，继承父位，在位长达50年。《史记·周本纪》记载，他能继承祖业，仿效祖父古公和父亲季历制定的法度，治理岐山下的周族地域，西周国力不断增强壮大。曾有记载："天下一分为三，其二归周。"他的执政，为周朝的建立奠定了坚实的基础；为人之父时，他慈祥和善，生子十人，其中两个优秀的儿子明明德于天下。其一是次子周武王，著名的"牧野之战"领导人，历史上也称"武王伐纣"，灭商建立周朝，是中国西周王朝开国君主，在位 19 年，追授父亲为"周文王"。其二是四子周公旦，他辅佐文王、武王、成王执政，为周王朝的建立以及巩固立下了不可磨灭的功劳。周公制礼作乐，备受孔子推崇，子曰："甚矣吾衰也！久矣吾不复梦见周公。"《三字经》有赞美周公道："我周公，做周礼，著六官，存治体。"文王作为普通人呢，毫无官腔造势之样，平等地和朋友相处，（这儿的"国人"为"朋友"之意），而且努力以诚相待，相互信任。有道是"锲而不舍，金石可镂"。看看这段历史记录，再看看这个八字成语，周文王一世美名的形成，一切不言而得之。

仁，敬，孝，慈，信，是我们心中本来就圆满具足的。能爱他人，其实正是热爱自己，不能自爱者，自然无所谓爱他人了，有道是，"爱人者人恒爱之"；敬信他人，其实是敬信于己，有道是"敬人者人恒敬之"；"百善孝为先"，自己的父母尚不能知孝，而能够孝于他人父母，成于事业，是没有这个道理的；诚于他人者，不管他人如何，我心坦荡，但也坚信"精诚所至，金石为开"，"君子诚则明，不诚无物"，所以人诚于我，我当以诚待之，人有不诚，我亦诚之。"穆穆文王，於缉熙敬止。"至诚于中，自然形仪发于外。大仁大德，为人敬仰，即文王明明德之道也！

校园传真

金枝玉叶

——记一位忙碌的小伙伴

“她，是爸爸妈妈的金枝玉叶，在家，是公主，在学校，工作起来成马达。周五刚刚战完主题教育抢答赛，又一头扎进创客室担纲DI创意比赛教练员，抓住每分每秒，只为成就孩子们的每一段遇见。”

她是我的一个小伙伴，玉叶老师。

这是她本学期第十一周的工作纪实。

这个星期，对于玉叶来说，时间实在是不够用，一人分饰多重角色：她是赛手，作为优秀的团员青年，代表区教育局参加我区“不忘初心，牢记使命”主题教育知识抢答赛；她是教练，作为科技辅导员，组建了一支队伍参加湖南省DI创意大赛；她是老师，作为六年级的数学老师兼班主任，属于她的每一节课都不能落下，所带班级的每一件事情都等她来关心；她还是宣传员，你看此时还在发布美篇，题为“专注每分每秒，只为与‘你’相遇——湖南省第十一届DI创新思维大赛”，此时，时针指向11月10日21时28分。

我见证着这一场忙碌，为孩子们叫好，为学校叫好，更为玉叶叫好。人生过程很精彩，经历是最美好的财富。

玉叶，是我校最年轻的老师，今年春季开学，在我正愁缺员的时候，她来到了我们面前：近一米七的个头，圆圆润润的脸蛋，声音清脆，说话的时候总忍不住微笑地迎着你，时不时露出两个小酒窝，有点可爱又颇有点小老师范。“莫不是天上掉下个林妹妹?”眼前的她顿时让我心生欢喜。

就这样，我们开启了同事的缘分，也有了随意聊天的机会。渐渐地，我们彼此熟悉着：“看到你，我就想起了我上高中时的王校长，你们一样的亲切和蔼。”“我是学校篮球队的，如果需要，我也可以兼上体育课。”“我小学就是这个学校毕业的，张老师是我的体育老师。”你看，这个小老师浑身透着校园的气息，学生般的纯真、可爱，但隐隐约约也透着一股子干劲，到今天才挑明她是眼前这个学校的门生，来这儿任职是带着母校情结而来的，而当初竟然没有亮出这张感情牌，却留待日后给我们小小的惊喜。

后来，我也慢慢了解到，这孩子可爱笑容的背后也藏着艰辛，原本，今年她上了研究生录取线，可是还没有来得及与家人分享快乐，她爸爸身体突然出现报警信号，可谓天有不测风云，给这个孩子开了一个莫大的玩笑。于是，她毅然决然选择工作，一面分担家用，一面就近陪伴患病的爸爸。

“玉叶”，看其名，可想而知，父母给她起这个名字的时候，一定是满心的温柔，满怀的期待，在每一个陪伴的日子里，一定是含在口里怕化了，捧在手心怕掉了，一定是期望她成为最幸福的公主。想到这，每每这个孩子从我眼前走过，我总会要多看她一会，甚至好想去抱抱她。

有一个傍晚，校园里师生都陆续回家了，可是有一间教室还亮着灯，我走过去一看，玉叶还在弯着腰给一个学生讲解着，我连忙招呼着，“玉叶，咱都回家吧。”要知道，她家还住在板塘铺，离学校10来公里，得坐公交回家。在我一阵催促下，待学生整理好学具走出教室，她终于笑眯眯地出了教室，我提出送送她，可她怎么样都只同意我送她到公交站。还好，很快便看见她快乐地踏上了最末班的8路车。

有一天上午，第一节课后，玉叶拿着请假条跟我请假，说要去给爸爸办理转院手续，因为医院有要求，必须转出几天再进院，费用报销才方便处理。小小丫头，一头挑着为师的尽责，一头挑着为儿的尽孝，我连忙说，“好，赶紧着去。”站在走廊看着她奔跑的身影，好一阵心里酸酸的。

有一天晚上，我翻到她的朋友圈记录：“妈妈说，再这么晚回家就坚决不给我温晚餐了。”其文字配有3张星星点灯的照片。妈妈的这番话是万千心疼的表达，端详着这一条信息，我也好一阵心疼。仿佛看到一天又一天，小丫头匆匆赶着末班车，伴着朦胧路灯踏进家门，此刻也正笑眯眯地跟妈妈撒着娇，用她那张小甜嘴跟妈妈提着不会兑现的保证。

就在今天，孩子们比赛出来，有点遗憾地告诉她，就差一点点时间，建模没有完成，她沮丧着告诉我，“好可惜，哎，只要还给我一个半天时间的训练，哪怕是一个小时的训练，就不会出现这种情况……都怪我，昨天心软，不忍心孩子们太晚回家，还留他们多练习一下下子就好……”面对她满脸的自责，我连连安慰，“辛苦了辛苦了，参与就是成功哦!”返回时，我们一路闲聊，她打趣着说，“男朋友说，如果我再没有时间理他，他就要从江西跑过来抓人了，看我到底在忙什么?”我们一行人都瞪着眼睛望着眼前的这个小丫头，面对工作与恋爱，她就是这么抉择的，可爱得如此，真的想拥她入怀。

玉叶，红霞校园里的一位奔跑者，热情，快乐。她，用双脚丈量着新时代，用责任书写着正能量。我，有幸相遇这个奔跑的小伙伴，祝福这个美丽的姑娘来日都是快乐与幸运！

诗词感悟

九佳诗曰

草木山川坐一排，雷霆雨露巧安排。行之大道公天下，内外圣王俱可差。

第十章　淇澳章·璞石成玉

经典诵读

《诗》云："瞻彼淇澳，菉竹猗猗。有斐君子，如切如磋，如琢如磨。瑟兮僩兮，赫兮喧兮。有斐君子，终不可諠兮！"如切如磋者，道学也；如琢如磨者，自修也；瑟兮僩兮者，恂慄也；赫兮喧兮者，威仪也；有斐君子，终不可諠兮者，道盛德至善，民之不能忘也。

学习分享

本章继续引用《诗经·卫风·淇澳》，深入阐明应以卫灵公为榜样，不断"道学""自修"，提升自身的道德修养。本章分为两个部分，第一个部分是引用《诗经·卫风·淇澳》的诗句，向读者展现一个文质彬彬的君子卫灵公，第二部分是针对引用的诗句逐句展开具体说明。

这一章的篇幅较前面的章节稍长，读音、理解也较为生僻一些。那么这一章的学习就从熟悉生字词语开始吧。

澳（yù）：水边弯曲的地方。一个“澳”，将小河弯弯之状，河边、溪边的弯弯小路描述得非常形象。

猗猗：美盛的样子，茂盛的样子，郁郁葱葱的样子。这里展现的是一片生机勃勃的竹林。

斐：指人很有文采，才华卓绝。

君子：这里特指卫灵公。卫灵公，（公元前540—公元前493），春秋时期魏国第二十八代国君，为一代诸侯之佼佼者。据《孔子家语贤君第十三》记载，有哀公问于孔子曰：“当今之君，孰为最贤?”孔子对曰：“丘未之见也，抑有卫灵公乎?”从其评价可见一斑。

切：用刀切割；磋：用锉锉平；琢：用刀雕刻；磨：用沙磨光。切磋琢磨本意指加工玉器，今比喻学习和研究问题时，彼此商讨，学习长处、纠正缺点。

瑟：庄重、庄严、洁净鲜明的样子。本意为弦乐器。

僩：威武、威严，宽广、博大。

赫：光明、显耀、火红色。

喧：通“煊”，盛大、高尚、显扬。

諠：遗忘、忘记。

道学：道，言、说。学，讲习、讨论。道学指治学态度。

恂栗：惶恐、恐惧。

威仪：仪表威严。

盛德：盛大的品德，高尚的品德。我想，我国每年评选的感动中国的十大人物等类似的美德人物应该可以说是盛德之人吧。

整章大致意思可以这样理解：《诗经·卫风·淇澳》篇说，“你看，那淇水弯弯的岸边，嫩绿的竹子郁郁葱葱。有一位文质彬彬的君子，他治学就像切削坚硬的骨器那样专心致志，他修身就像打磨玉器那样精细认真。他神情庄重，仪表威严，他光明磊落，品德高尚。如此一个文质彬彬的君子真是教人终身不能忘怀啊！”诗中“如切如磋”，比喻精心进学；“如琢如磨”比喻修养德性；“瑟兮僩兮”是讲心胸宽广；“赫兮喧兮”是讲仪表威严；“有斐君子，终不可諠兮”，是说一个文质彬彬的君子，品德高尚，达到了最完善的境界，所以人民永远不会忘记他。

本章依然紧紧围绕第一章的“大学之道”来进行告诫阐述，“道盛德至善”不就是“明明德，亲民，止于至善”吗？《大学》将此主题一以贯之，深入浅出！

读到这，我一阵豁然开朗，今天终于可以化解我往日的一个尴尬啦。

两年前吧，经人牵线邀请一专家来校传播经典，我电话连线：“请问李博士，该怎么向大伙介绍您呢？”李博士答曰：“非也，不患人之不己知，患不知人也。”对方引经据典，我却一时语塞，不知如何应答才合此时语境？这未曾谋面人的一句话，永远地记在了我心里，同时我也被闷头一棍敲醒：弘扬国学，不是随意活，传播经典，得有真功夫。早知今日尴尬，何必当日懈怠？

昔日的尴尬，今日《大学》里求解，你说：“不患人之不己知，患不知人也。”我曰：“有斐君子，终不可諠兮者，道盛德至善，民之不能忘也。”此轮对答，可否？

学无止境，切磋琢磨终成器；道有通途，静心修炼达盛德，让我们以此共勉，撒下一路芬芳。

校园传真

璞石成玉

——从一位转校学生家长反馈引发的思考

临近期末，不断有家长来校咨询转学入校的事宜，这不，刚上完课，已经有两个爸爸在办公室等候着了，这也是今天的第三波来者了。

眼前的两个家长，其中一个是四年级的家长。我一进来，这位家长就自报家门，说明来意："我是四年级的一位家长，这位是我的好朋友，我推荐他把一双女儿转到您这儿来……"这是啥情况，自己的孩子进来了还要带上俩？当然，他绝对不是我的托。我正要问他孩子现在学习情况怎样？为什么要推荐朋友孩子转进我校？可还没等我发问，他似乎已经按捺不住了，说："我的孩子是这个学期转过来的，到了这个学校，短短几个月，发生了翻天覆地的变化，崽崽像变了个人似的，给我们家增添了很多欢乐！"

我认识眼前这个家长，很清楚地知道，他儿子是本学期转学来校的：他的儿子，曾是我市另一个区一所学校的一名小学生，开学前，他领着儿子过来申请转学，小孩子接受问询，面对教导主任的提问，一声不吭，一字不写，就只管趴在桌上。"这是个性格倔强而有点慵懒散漫的孩子"，教导主任交流一番下来，悄悄地跟我耳语道，当时我们都很遗憾，只好告诉家长，目前孩子不适合转学，请再慎重考虑转学的事情。

一天下来，这位父亲领着孩子在校园里徘徊，在我办公室走廊上停留，傍晚时分，待校园里清静下来，主动跟我们交流，说明孩子目前学习情况：因父母在外地工作，孩子随爷爷奶奶生活，比较任性，有点懒散，不爱学习，基础较差。反复表示正是因为孩子的现状，所以坚决要把孩子带到身边。听这么一说，想起家长领着孩子这一天的执着，想想，教育不就是这样吗？在白纸上作画，培育种子发芽，以不断满足人民对教育的美好需求。我心软的劲上来了，就这么答应了："我们一起努力试试。"

今天听到家长的肯定，我心生欢喜，脑子里也放电影似的放映着那一天结下的师生缘。索性放下手中的活儿，有点好奇地问道："谢谢家长的肯定，关于孩子的进步，请说来听听哦。"

"马老师、冯老师特别关注我儿子，几乎每天会跟我交流；学校活动丰富多彩，亲子植树啊，作家见面会啊，六一文艺汇演啊，小记者站啊，让他每天眉飞色舞。还有，每天还有读《弟子规》、唱《弟子规》，让他变了一个人……"

作为校长，听到了来自家长对你身边老师的美赞，对学校活动特色的肯定，这是多么美丽的语言呀，此刻的欢欣系数瞬间拉高！

"你儿子叫什么名字？"

"杨宸灏，戴眼镜的小记者。"

"啊，那真是飞跃的变化，家长，你成功了一步，恭喜你！"

小眼镜生，杨宸灏，原来就是他！要不是杨爸爸亲口告诉我，我根本不会相信，此刻，我能笃定家长的兴奋是从心底焕发的，此刻，我完全相信，他要来个一拖二，把朋友的孩子介绍过来，是本着对朋友的负责。此刻，我脑子里的电影场景更加清晰了：5 月 27 日，学校举行了“经典儒学弟子规，争做时代好少年”六一庆祝活动，国学大师刘孝听院长从省城长沙莅临会场，同时我校荣幸成为湖南公共频道第一个国学小记者站，在采访活动宣布结束时，一个戴着小眼镜的小男孩“抢”过话筒：“院长老师，我想请问您两个问题，您小时候是怎么学习国学的？您觉得国学内容怎样诵读才更美呢？”刘院长朝他一个劲竖起大拇指：“这孩子了得，好问题，胆子大，有个性，明天一定是个大记者！”当晚，湖南公共频道播报新闻，小杨同学精彩上镜，在全国电视观众面前展现他的从容大方。

“真是此一时彼一时呀！”我在心里兴奋地感叹道。教育家苏格拉底说：“教育的智慧在于唤醒！”本学期 3 月 5 日开学，到今天仅仅 4 个月的时间，说长，它不长，不到一个学期，还没到一个学习总结汇报的阶段；说短，它不短，它有 4 个月，120 多天，但如果耐心足够，足够唤醒一个睡梦中的人。

接待完家长，我好好梳理着这一个学期的相关工作，我记得刚到这儿有老教师跟我说过，“我们这儿的学生流动很大，一个班级到毕业的时候，可能只有 10 来个‘原住民’。”果不其然，本学期要求转进的学生有 20 来个，我对此思考了一番，我知道，进入一个新的学校，孩子们不容易，要熟悉环境，要熟悉老师，要熟悉同学，搞不好还真的会搞不好。那怎样让这一批新转学生迅速融入班级尽量缩短适应期呢？我对教导处提出工作建议：请要求班主任、任课老师有意注意插班生，主动寻找优点，每天送给学生一个表扬，每天和孩子一次主动交流，每周和家长一次沟通，一个月之后，邀请家长来校开展问卷和交流。旨在家校联动，切磋琢磨，促璞石成玉。

看来教导处程主任非常认同，且做了认真布置，杨宸灏的班主任马老师，任课老师冯老师都表示认同，都认真作了落实。

这时候，我想到了《为人民服务》这篇课文，毛主席说："我们这个队伍是彻底地为人民的利益工作的……你说的办法对人民有好处，我们就照你的办……只要为人民的利益坚持好的，为人民的利益改正错的，我们这个队伍就一定会兴旺起来。"

虽然，我们的学校是一所薄弱学校，位于岳塘教育的最南端，坐落在村社之间，学校社会声誉欠有，学生人数欠足够，但是只要我们捧着一颗心来，对学生好的方法，我们就勇敢尝试，对学生有益的举措，我们就坚定落实。众人划桨可开大船，万物落地定有回声，学校发展起步于细节的改变，学校的口碑源于日常的点点滴滴！

诗词感悟

十灰诗曰

山深有玉等尘埃，锥处囊中亦自哀。欲见华光如赫赫，剧怜梅雪照相开。

第十一章　贤贤章·责有攸归

经典诵读

《诗》云："於戏！前王不忘。"君子贤其贤而亲其亲，小人乐其乐而利其利，此以没世不忘也。

学习分享

本章引用《诗经·周颂·烈文》，从歌颂前王的伟大功业来鼓励并教育后王。

引用的诗句简短，"於戏！前王不忘。"短短六个字，却饱含深情，唤起人们对历史的回味。"於戏"为语气助词；"前王"，这里指周文王、周武王，也泛指古代贤王，德才兼备的君王。这个句子是作者从心里迸发的情感："啊，从前的文王武王，真叫人难忘呀!"深深赞美之情、深切追忆之情一并寄托于字里行间。

为什么这些已逝的前王让我们如此念想着呢？让我们翻阅历史来缅怀：

《诗经》有对文王的赞美："穆穆文王，於缉兮敬止。"

《三字经》有对周武王的记录："周武王，始诛纣，八百载，最长久。"

《三字经》有对周公的记录："我周公，做周礼。著六官，存治体。"

《论语》有对尧帝的赞美，子曰："大哉尧之为君也！巍巍乎，唯天为大，唯尧则之。荡荡乎，民无能名焉。巍巍乎其有成功也，焕乎其有文章！"

《千字文》有对舜帝的记录："退位让国，有虞陶唐。"

《孟子·离娄下》有对禹帝的记录："禹稷当平世，三过其门而不入。"

《诗经》有对卫灵公的赞美："有斐君子，如切如磋，如琢如磨。瑟兮僩兮，赫兮喧兮。有斐君子，终不可諠兮。"

……

翻阅着这些文字，是不是心生一种崇高的敬意？是否心生感叹喷薄而出："於戏！前王不忘。"是呀，这些贤王德行高尚，以天下之忧而忧，以天下之乐而乐！在世时，深受人们尊敬爱戴，驾仙之后众人祭奉。来看看历史对舜的一段文字记载："舜在历山耕种，历山的人们都相互让出自己的田界；他在雷泽捕鱼，雷泽的人们都相互让出自己的居所；他在黄河边上做陶器，那里生产的陶器便没有粗制滥造的。人们敬爱舜的人品，以和舜住在一起为荣……"舜帝一直作为上古时代贤德的祖先被奉于高高的神龛之上，受世人的祭祀。

前王，贤王，是社会的一根标杆，是指引后人前行的太阳，也是庇佑后人幸福生活的福祉。来看看第二句就会有所体会：“君子贤其贤而亲其亲，小人乐其乐而利其利，此以没世不忘也。”

“贤其贤”，第一个“贤”为动词，尊敬的意思，第二个“贤”是名词，指贤明君子；“亲其亲”，第一个“亲”为动词，亲近、亲爱的意思，第二个“亲”是名词，指亲人；小人，这里指地位低的人，小人物，泛指老百姓，在这儿与君子相对；没世，指永远、一辈子。全句的意思是说：“后代的贤人君子，崇敬品德高尚的前代贤王，以他们为榜样，尊敬他所尊敬的贤人，爱护他所当爱护的人，老百姓也就享受到遗留下来的安乐，获得了所遗留下来的利益，各得其所，国泰民安。因此，前代贤王的品德永放光芒，后人永远不会忘记他。”

古如此，今亦然。毛主席艰苦奋斗，血雨腥风，身经百战，领着劳苦大众走向光明。今天，毛主席的语录依然是我们前进的号子：“星星之火，可以燎原。”“自信人生二百年，会当水击三千里！”“军民团结如一人，试看天下谁能敌！”“好好学习，天天向上。”……赞美毛主席的歌曲唱遍大江南北，经久不衰！

本章引用《诗经》，其旨意是借歌颂前王的伟大功业来鼓励和教育后王，同样对我们每一个普通人也有着鼓励与教育的意义。在此，我将此感此想化作十六个字：“功德卓著，没世不忘！德行精进，永在路上！”

校园传真

责有攸归

——记一场感冒获得的意外发现

此刻，头有点儿昏昏沉，“一定是感冒了”，我嘀咕着，这一嘀咕不要紧，立马把我惊醒：此刻我还欠着一个问候！赶紧拿起手机传输信息：“聪，身体好些了吗？很抱歉，昨天都没有安排个人送你回家，大家都为你的坚强惊讶。”

周五大约第四节课，刘聪老师发来一条信息跟我请假，说是特别不舒服想回家休息，我简单问候，明白她是因为感冒不舒服，便放了心，要她赶紧回家休息。中午到食堂午餐时，具体问问与聪聪老师同办公室的许老师，这才知道细节，原来聪聪老师周四就有一点不舒服，但是依然坚持工作，今天上完课后，浑身无力，坐在凳子上全身直发抖，才迫不得已请假。天呐，我懵了，人家这么不舒服，还记着要跟你请假，征求你的同意方安心回家休息，而我呢，就轻描淡写问了两句，怎么就不能跑下楼来看一眼？怎么就不想到应该把她送回家，怎么就不觉得应该让她去医院？昨天是很忙，忙着怎样消化下午扎堆的事情，忙着下周几个迎检的资料梳理，但是，这一刻孰重孰轻？学校里孰重孰轻？“聪聪，今天这个事，我欠你！”时间不能倒流，此刻，我只能这样告诉自己。

今天努力用休息释放这一周的疲劳，这时候，居然感觉到脑袋沉，有感冒的迹象，也许这是天之意，给我送来一场感冒，正是给我一种特别的提醒方式吧。

歉意表达之后，轻松了许多。突然看到聪聪老师今天有微信动态的更新，好奇点开一看，全文是这样的：“利用周末，一大早清理顽渍的爸爸们好给力，爸爸力爆棚，孩子们真幸福!”文字后面附三张给力爸爸的劳动照片：一个弯着腰擦着地板，一个搭着凳子清理窗帘，一个专注着擦洗黑板，好一番热火朝天的景象。我平静的心又翻腾起来了：昨天浑身难受发抖的聪聪今天不应该是躺在床上当娇娇公主好好休养吗？可她不按常理出牌，居然，惦记着昨天没有进行班级大扫除。我捧着手机点开文字图片一张张来来回回看，呆呆看着不由得鼻头一阵阵发酸，写下评论：“感谢！感动!”

也许这几个男子汉在家也不曾洗地擦地，不曾拆拆抹抹，而今，在这样大好的周末时光，走进校园，捋起袖子，卷起裤腿，弯着腰，好一番干劲。你说这是为的啥？毋庸置疑，为的是给孩子们营造更为美丽洁净的学习空间；因为啥？因为老师给予他们一份育人的满意答卷。

上学期，68班教室环境是学校一道美丽的风景，班主任聪聪老师的环境建设行动是全体班主任老师的示范。本学期，随着孩子们年级上升，各班都进行了教室调整，68班现在进入的这一间教室，因为某些原因，地板上有点面目不雅，积下了一些顽渍，可刘聪老师从未跟我抱怨过，也从未有过任何说辞，就这样默默地接受和美化着。而我，面对此情此景，明白了什么？可以做什么？

我明白了，学校管理要拘小节，责有攸关。教育方方面面都是一个需要承接的过程，今天显现出来的是一年一次的教室交替承接，六年之后将面临小学、初中学业的承接，若干年后还会有学校教育与步入社会实践的交接……我们各自要怎样执好交接棒，才能予他人舒适与方便地开启下一程呢？

我明白了，我可以从此刻开始这样做：记录心中的感动，说出心中的感谢，宣扬身边的责任和担当。

于是乎，我给聪聪信息传达感谢："刚看到你的朋友圈，太感动了！这群家长真给力，谢谢聪聪的付出！"于是乎，我向伙伴们宣扬美好：将朋友圈的截图发布到学校工作群，同时这样留言，"这群爸爸的行动是对老师万分的肯定，是我们前行的动力，感谢聪聪对班级成长的付出！"当然我还要记录此刻打心底的认识——责有攸归：关爱每一位同伴，我责无旁贷，助力师生平安幸福成长，我责无旁贷。

昨天，忙碌与大意让我的歉意过夜，还好，今天没有让我将这份感动错过。聪聪，感谢孩子们有你，感谢你我彼此的这一场感冒于我的启迪。

诗词感悟

上平十一真诗曰

贤者思齐亲更亲，馨香一瓣写长春。关情忧乐初心溯，叵耐蝇营夜不晨。

第十二章 听讼章·姗姗来迟

经典诵读

子曰："听讼，吾犹人也，必也使无讼乎！"无情者不得尽其辞。大畏民志，此谓知本。

学习分享

子曰："听讼，吾犹人也；必也使无讼乎！"无情者不得尽其辞。大畏民志，此谓知本。

读了这一章是不是感到很诧异？孔子听讼？他受理案件？他是法官吗？那我们就借此机会先来了解孔子的工作历程吧：孔子19岁当上公务员，第一份工作是当会计，管财务。接下来先后当过农场场长，当县长、建设部部长、司法部部长、办私人学堂、周游列国讲学。

本章就是孔子担任司法部部长时的工作感言："听讼，吾犹人也；必也使无讼乎！”这句话引自《论语·颜渊》。听讼，听诉讼，即审案子。犹人，与别人一样。主要意思是这样的，孔子说：“我听讼案件，同别人一样，一定要使民间不再有纷争！”

受理案件，不是为了惩罚某个人，而是要使民间不再有纷争！不再出现案件！达到无为而治的太平盛世。这不正与我们倡导的依法治国，人人遵纪守法的美好愿景一脉相承吗？“必也使无讼乎！”紧跟其后的这句话用上了一个感叹号，表达坚定的决心，这也正是身为一名法官“止于至善”的工作行为：止于大家没有“纠纷”，没有“争论”的状态，就是止于“自律”，止于“和谐”，止于“无为而治”啊！

那怎么来达成呢？这时我们一起来回忆第二章的这句话，“物有本末，事有终始，知所先后，则近道矣”，是不是就豁然开朗了？受理案件，就是要秉公执法，究其因，寻其果。孔子的做法是“无情者不得尽其辞。大畏民志，此谓知本。”无情者不得尽其辞的意思是说，使隐瞒真实情况的人不能够用花言巧语去蒙蔽事实。民志是指民心、人心。整句话的意思是说，没有实情的人，不敢用虚假的言辞来控告别人，而是要用君子的明德行为来感召，秉公执法，让老百姓大大畏服，这就是办理案件的根本所在。

这一段以孔子谈诉讼的感受来阐发“物有本末，事有终始”的道理，强调凡事都要抓住根本。审案的根本目的是使案子不再发生，礼逊为国，无讼为贵。这正和“但愿世间人无病，何愁架上药生尘”所呈现的道理一样。

审案和卖药都只是手段，或者说是“末”，使人畏服不再犯案和增强体质不再生病才是目的，或者说才是“本”。

说到底，是一个教化与治理的问题，教化是本，治理是末。正是由此出发，我们才能够理解《大学》强调以修身为本，齐家、治国、平天下都只是末的道理。

本末的关系如此，终始的因果也一样。从哲学命题的角度来看，本末是本质论，终始是发展观，千古哲学的两大范畴在《大学》这篇儒学的入门读物中以轻轻巧巧的八个字对仗而出："物有本末，事有终始。"再以八个字加以干净利落的解决："知所先后，则近道矣！"真是语言极度简洁而蕴含无比深刻，彰显"经"的本色。

校园传真

姗姗来迟

——记 2020 年这个特殊寒假中写给孩子们的一封信

亲爱的孩子们：

今天是今年寒假中的第 27 天，知道你们一切安好，我的心情如此刻的阳光一般灿烂。日历上显示今天是 2 月 4 日，也迎来了 2020 年二十四节气中的第一个节气，立春，在此我转达红霞学校的所有老师对你的祝福：亲爱的孩子，祝你新年快乐，新春吉祥！

这个假期，我知道你有一些小满足："我终于可以吃了睡，睡了玩了。"我也知道你有一些不满意："灿烂的阳光只可以透过窗户伸手触摸，撒野的脚丫子只可以在房子里来回踢踏。"你说，我猜对了吗？人呀，有时候就是一个这样的矛盾体。

可不是，大自然也是一个这样的矛盾体呢。她慷慨无私，给予我们阳光雨露和生命，我们尊称她为母亲；她也变化无常，冲着我们翻脸不认或咆哮，我们恨不得管她叫恶魔。

你看，在2020年新春即将到来之际，她就发飙了一回，释放一种“新型冠状病毒”的怪物，摧毁了我们对春节对寒假一切美好的想象。一切来得那么突然！

孩子们，这就是生活中的确定与不确定！而今，春光已如约而来，我们众所周知，开学将姗姗来迟，你可曾想过？告诉你，不仅你们不曾想过，比你年长好几十岁的我也不曾想过，也从未见过！但，这就是不可逃避的生活！如果我把这个不确定比作一道奥赛题，那么疫情就是题干，怎样面对、怎样承担、怎样从中汲取力量，就是大自然提出的问题，亟待我们解决。

也许你会问我：“老师，我可是心有余而力不足呀！”可爱的孩子，你的回答，让我欣慰，我感到了你的真诚。但，别着急，有道是，“知止而后有定，定而后能静，静而后能安，安而后能虑，虑而后能得！”是不是有所发现，其实我们可以做的有很多。

有道是“国家兴亡，匹夫有责”，责任面前，我们一起担当：不出门，就是为国做贡献；戴口罩，就是展现文明素养；讲卫生，就是为健康护航。还记得严星老师教你的“七步洗手法”吗？还记得“病从口入，祸从口出”的谆谆提醒吗？还记得“静以修身，俭以养德”的成语课堂吗？

念感恩之人：突发疫情，全国上下各种集结：钟南山院士接连辗转三个城市研判疫情；10天建成火神山医院；1月26日，我市35名医护人员驰援武汉；国务院总理李克强亲自进入武汉一线慰问指导……灾难面前，他们无惧生死，铿锵逆行！孩子们，世上哪有什么英雄，只是有人正在用生命替你、替我们负重前行着！请你用你最铿锵有力的声音向他们说一声“谢谢您！”我想，爱，是可以有感应的，你的真诚谢意会给英雄们注入抗战的力量！

孩子们，听听你家小区的动静，是不是高音喇叭又响起来了？来问问爸爸妈妈，班主任老师是不是又在发送信息，提醒你注意卫生，祝福你健康平安？请看看你的身边，爸爸妈妈是不是每天都在变着戏法似的让你的假期充实而快乐？在不确定面前，他们心中有你，牵挂守护，你的快乐平安就是他们的心愿。请你用红润润的大拇指给他们一个大大的点赞！我想，常怀感恩美德，你的笑容将会成为你最漂亮的代言。

定成长之力：面对疫情肆虐，钟南山院士、李兰娟院士，迅速精准研判，“此病毒有人传人的可能！”“疑似病人必须迅速隔离！”“建议大家尽量不要外出，出门一定戴好口罩！”研判结果掷地有声，防疫策略精准给力。全国上下人人叫好！佩服！膜拜！

孩子，你知道什么是院士吗？院士是指在某个领域有深入研究或造诣很深的科学家，我国的院士分为中国工程院院士和中国科学院院士，目前全国拥有院士称号的仅仅1000多人。院士，就是知识的代言，抗击疫情，就是知识的发声！如今，面对疫情，挺身而出的人不仅是一群爱国救民的勇士，更是一群专业领域的精英。今天，他们用知识和热血战恶魔打怪兽，这是一场病魔与科学的较量！我们有理由相信，科学施策，科学治疗，科学预防，科学生活，新型冠状病毒不久就会销声匿迹。

孩子，战胜了新型冠状病毒，不等于我们和大自然就建立了和谐与友好，不等于我们生活中就处处都是阳光，也许，也许生活中的不确定会在某个时候从某个地点来考验我们。请你想想，那时候，你已经长大，你该以怎样的担当来护佑身边的人？你是否有能力来打败怪兽？我想，你的心中已经有了答案，那就是“我将以知识的力量来护航”，“我将以知识的能量来抗衡”！是的，孩子，现在是知识改变命运的时代，未来是科技的未来，今天的你们如初升的太阳，未来是你们的，世界更是你们的。此刻，我想邀请你和我一起诵读：“少壮不努力，老大徒伤悲”“黑发不知勤学早，白首方悔读书迟”。

亲爱的孩子，春光已然暖手，花开必在眼前！让我们静候姗姗迟来的开学，借着静好光阴，面向成长发力！为武汉加油！为祖国加油！为自己的成长加油！

爱你的校长妈妈罗光辉

2020 年 2 月 4 日

诗词感悟

上平十二文诗曰

如麻世事解纷纷，因果其中断武文。治病俨然同理是，能兼标本至人云。

第十三章　知本章·本立道生

经典诵读

此谓知本，此谓知之至也。

学习分享

这一章只有一句话十个字，是在继续阐明格物致知的道理。此谓知本就是知道了根本。这个本是什么？“自天子以至于庶人，壹是皆以修身为本。”修身是做好一切事情的根本，它就如一颗种子，而齐家、治国、平天下就如果实，只有种子完好，才会有果实的呈现，这里所蕴含的就是因果关系。

比如，你种西瓜，那么长出来的就是西瓜；你种芝麻，长出来的就是芝麻，绝不会种了芝麻，长出西瓜的，反过来也是如此。

汉朝的汉文帝主张以德治国，生活十分节俭，他所宠幸的慎夫人衣着朴素，没有身后长的拖曳，帷帐上也不施纹绣，文帝为自己修建的“霸陵”，都用瓦器，不用金银铜锡装饰，更下诏禁止郡国贡献奇珍异物。曾有人建议做露台，让工匠计算需要百两黄金，汉文帝说：“百两黄金，中产人士十家的资产。我住在先帝的宫室，常常恐惧、害怕太奢侈了，还做露台干什么呢?”

在文帝登基后第二年十一月，出现了日食，文帝下诏说：“我听说，上天为了天下黎民，安置国君以养育他们。我作为天子德行不够，施政不够公平，上天显示灾祸以警示治理不当。……朕不能养育群生，让日月星三光昏暗，我的德行缺失太大了。我下诏以后，你们都要好好思考朕的过失，把你们看到的而我自己又无法察觉的过失，都原原本本告诉我。把贤良、正直、敢于直言劝谏的人都推举上来，匡正我的过失……”

正是由于汉文帝这样简朴、且时时自我反省，才出现了历史上有名的“文景之治”，到景帝后期时，国家的粮仓丰满起来了，府库里的大量铜钱多年不用，以至于穿铜钱的绳子烂了，散钱多得无法计算了。也正是由于他所奠定的坚实的物质基础，历史上赫赫有名的汉武帝才能有丰厚的财力去征伐匈奴。

校园传真

本立道生

——约课吧，快乐探寻高效课堂的秘诀

约课，以轻松的方式，主动的热情，在红霞学校里活跃起来了。因为这样的方式，4 月 9 日，我们有机会走进了丽娜的课堂，欣赏老舍笔下那只古灵精怪的《猫》，4 月 27 日，也有机会走进聪聪的课堂，行走文字间欣赏到一群调皮可爱的《小虾》。

两位好朋友心有灵犀，不约而同选定的文本都是展现着动物世界的可爱精灵，传递着人与动物之间的亲昵与和谐，隐隐地让我感觉着两位教者本性柔软的内心。两节课听下来，轻轻松松，舒舒服服，我心中顿生一种结论：优秀绝非偶然，成功是有诀窍可言。

一是乐意参与，乐意研讨。丽娜和聪聪率先约起了课，接到任务有着抢着做，赶前做的意识，两堂课的文本都是第 15 课，完全是当时进度的一个节奏。聪聪老师展示的《小虾》是一篇独立阅读课文，对此，听课的时候，我向许老师提出了疑问，原来，在教培中心来我校视导的那一天，先后有两拨专家走进了聪聪的语文课堂，那一天她正好教的是一篇独立阅读课文，授课之后，专家们对课堂进行了面对面的交流，一起交流到了独立阅读课文的教学方法与策略，她将其记在心中且落地于课堂实践。我不禁在心里欢喜地竖起大拇指！如丽娜和聪聪这样，将教研展示融入教学日常，不挑教材，不挑时间，挑战教材，挑战教学，这是多么好的教研习惯呀。只有当一件事情在心里变成一种主动自我的意识状态，就会不自觉地推动着去思考、去深究、去创造。我想这是两堂课之所以让听课者感觉舒服的背后的原因之一。

二是教学有法，教学得法。两堂课的教学目标定位很明确，首先她俩都能把课文置身于单元之中，然后，抓住了课文导读提示，同时，关注了课后思考题，巧妙地将三者结合，根据班级实际情况形成教学目标，这样就做到了很好地为文本理解以及学生语文素养和情感认知的提升而服务着。比如，《猫》的单元目标有两点：体会作家是如何表达对动物的感情的；写自己喜欢的动物，试着写出特点。课后思考题有“说说课文围绕猫的可爱讲了哪几层意思?”“读一读，体会这段话的表达特点，再照样子写一写。”丽娜在教学中，便紧紧抓住“可爱”二字做了文章，用各种不同的“猫客人”导入新课，让“可爱”的形象先声夺人于眼前，用“作者是围绕哪几个方面来写猫的?”这个话题，借助文字对猫展开细致的认识，抓住“小梅花”“蹭”这几处修辞手法的品析与比较，感受着老舍先生的妙笔生花。同时，给我印象最为深刻的就是整个课堂读写结合的巧妙应用，先后有两处仿说仿写“说他……吧，他的确……”“任凭……也……”丽娜教学完毕，我借用她的课件在66班上了这一课，上课完毕，学生先后要经历这一课的“能力测试”练习，惊讶地发现，课堂上重点强调的内容与练习题不谋而合，这绝不是巧合，这是教学目标的分析正确，这是教者对文本的阅读理解到位，这就是教学有效的秘诀关键所在。

接着说说聪聪的《小虾》，单元导读提示是这样的：“借助关键语句概括一段话的意思”，课文导读提示是这样的：“朗读课文，说说第三自然段主要写了什么，是怎么写的，把课文写得细致生动的语句写下来。”为此，聪聪这一节课浓墨重彩的学习也被定格在对第三自然段的赏析，这个课堂高频词汇正是“细致生动的语句”，借用这句提示语提醒孩子们用“下划线标出小虾外形的语句”“圈出描写小虾动作的词语”“有感情地朗读，赏析有趣的词语”，同时也借用这句话搭建第三、四自然段的学习活动。同时，聪聪也和丽娜一样，高度重视孩子们的语言表达能力的训练，一是结合生活说说“一副副……”，既练习着数量词的应用，也巧妙地识记“副”的偏旁部首；二是师者情境引路，引导学生创说比喻句，学习细节描写；三是媒体辅助，触发感官，仿写第三自然段，将课文导读中“怎么写”这一目标有效落实并实现迁移。如此，我们将教材和教学活动对照着来观课，我们就发现，每一项教学活动都紧紧围绕教材的要求建议来展开，教学目标的确定一点也不复杂，就是读懂教材的前前后后，我们也可以看出，教学设计并不难，就是把你确定的教学目标用听说读写的方式呈现出来。我们也从中可以得出一个结论：课堂教学的是否有效、高效，重在教者的课前功夫深浅。方法对了，事半功倍，方法不对，徒劳白费。

三是师者有范，师要有范。学生对于老师，有着天生的向师性，眼前的学生就是我们每一位老师的粉丝，咱们圈粉的方法各不相同。在丽娜老师的课堂上，我看到了她教学语言的温柔与娓娓道来，看到了她板书、课件等辅助工具的精美与细致严谨；在聪聪老师的课堂上，我最喜欢她“阅读小侦探”“任务清单”“被你夸得小金鱼都害羞得躲起来了”“看，小虾的好朋友小金鱼来了”……这些俏皮话，足可以称之为孩子们的能量加油站，兴趣的发动机。虽然，我们想尽了办法编创了“课堂礼仪四字经”，但这只是以较为初浅层次的方式唤起学习的常规礼仪，属于被动行为，但我想，课堂的凝聚力更需要老师们在这样一些无痕的言语和行动中去唤醒孩子们内心深处的学习主动性和爆发力吧。

教学质量是学校的生命线，教研教改是学校发展之本源，本立而道生。感谢约课吧，让我们能更为主动地研究教学，让我们有更多的机会观课有感。“学而不思则罔，思而不学则殆”，让我们约起来，快乐探寻构建40分钟高效课堂的秘诀。

诗词感悟

上平十三元诗曰

心有宗传水有源，灭生造化欲连番。星辰日月光犹在，花鸟虫鱼正待言。

第十四章　诚意章·羽化成蝶

经典诵读

所谓诚其意者，毋自欺也，如恶恶臭，如好好色，此之谓自慊，故君子必慎其独也。

学习分享

本章阐述为学必须诚意的道理。“诚意”，顾名思义，诚实意念；“毋自欺也”，即不欺骗自己，不要自己欺骗自己的良心和良知。可见，这儿的“诚其意”中的“其”是指自己，“诚其意”是对自己的诚实、真诚，是使自己的“意”能够“诚”，自己考量自己。读到这，我想到了一个成语，“扪心自问”，也想到了一句俗语，“天知地知我知”！

这一章有两个多音字，我们先来读准字音，如恶（wù）恶（è）臭，如好（hào）好（hǎo）色。读准了字音，这个句子的意思就不难理解了。恶（wù），动词，厌恶、讨厌之意；恶（è）臭，污秽的气味。好（hào），动词，喜好、喜爱之意；好（hǎo），形容词，美好的；色，指色彩、美丽的女子。另外，这一章还有一个通假字，慊（qiè），同“谦”，指满足、心安理得的样子。“自慊”，在这里是指发自内心的、自然而然的快乐，是不为外在事物而改变的快乐和满足，也就是“不改其乐”的“乐”。

这一章节，首先解释了“诚意”二字，紧接着谈如何践行。显然，针对如何践行“诚意”二字，打了两个比方，“如恶恶臭，如好好色”，这样的写作方法使得表情达意就变得通俗易懂了。回忆各自经历过的生活镜头：行走在路上，当看到污秽的东西，或者闻到异味，你一定会捂着口鼻侧过身子匆匆绕道而行，也许心里还会阵阵恶心翻腾，那种讨厌程度不言而喻。在这，把“自欺”比作那团惹人讨厌的污秽之物，那如果在我们的生活道路上，一旦遇上，是不是该紧急刹车，绕道而行呢？相反，则是“如好好色”，赏心悦目源自美好的风景事物，亦源于诚其意时！

明白了这些，我们就该认真地给自己提个醒：“所谓诚其意者，毋自欺也。如恶恶臭，如好好色，此之谓自慊，故君子必慎其独也。”所谓诚实意念，就是不欺骗自己。对待自我欺骗，就像讨厌不好的气味一样，面对真诚的自我，就像爱好美好的颜色一样，这样做就会自我满足、心安理得。所以君子独处的时候一定要谨慎地约束自己。

相信大家都读过《诚实的孩子》这个故事。列宁小时候在姑妈家做客，不小心打坏了姑妈家的花瓶，自以为无人知晓，便欺骗自我，“不是我打碎的”，谁知一整天闷闷不乐，一整夜辗转反侧，不诚其意带来的是内心煎熬焦虑，雾霾萦绕。当他诚实告诉姑妈实情之后，内心舒坦，如释重负，姑妈表扬“小列宁真是个诚实的孩子！”诚其意时，自我、家人一团和美，“如好好色”之心境也。

心，是属于自己的一块天地，遵从内心，是美妙的欢喜事情，可说起来容易，做起来不那么简单，因为在世俗里，的确存在不美好的人、事、物，存在丑陋的想法和行为。就说“好心”被当成“驴肝肺”的现象吧，在现实之中是真实存在的，比如，救了人反而被当成肇事者，在报纸媒体偶尔见到过。那么，人不能因为“好心”偶然被当成“驴肝肺”了，就放弃自己的“好心”吗？所幸叫好的是这种现象还是没有阻碍绝大多数人的“诚其意”。2018 年 3 月 26 日，东方头条网就报道了一则新闻，题为“好心救老人被当肇事者，交警调解赠锦旗表歉意”，大意是这样子的：石阡县周女士最近“摊上事了”，原本好心送老人，却被误当交通肇事者，无奈的女孩眼泪直流。后经当地交警介入调查还其清白，老人事后知道是场误会，3 月 19 日这天向周女士赠送了锦旗诚表歉意，一时间该事件成为阡城热点话题。

遵从内心，诚其意者，这就需要在自己的心中，不要有错误的想法，迷糊痴醉的心态，什么“投机取巧”“见利忘义”要从人生字典里剔除。《礼记·曲礼上》也有提醒：“临财毋苟得，临难毋苟免”，尤其是独处之时。因为有一颗清醒的内心，一种睿智的心态，是生活的基本心灵要素，也是君子之德行，故君子必慎其独也。这就需要不断地进行自我的修持，关注内心，反求诸己，独处无人，严格约束，这也就是大人修身之学问，大人精进努力的方向哦！

校园传真

羽化成蝶

——记“小学生中华成语学习与应用实践研究”课题开题论证会

“小小的校园，大大的温暖，欢迎各位专家的到来，此刻我和我的团队伙伴们激动着……”下午3点，在红霞学校的会议室开启了岳塘区省市立项课题结题鉴定暨开题论证会的帷幕，此刻我的心里充溢着温暖，代表学校500余名师生表达着我们的心情。本次课题评审专家有我市教育科学研究规划办主任，还有我们区教培中心和人劳股的四位专家。

未见其人，先闻其名，得知几位教育科研重量级专家的到来，12位课题研究核心成员们早早就安排了手头工作，早早地坐在会议室里等候，颇有一番准备认真接受精神洗礼的架势。

“课题研究”是大学老师的习惯性工作，可在小学校园还算是一个“珍稀事件”，有的人跃跃欲试，可是不知从何下手，有些人望而却步，索性绕道而行。庆幸的是，我们学校早在2017年就有一个市级立项课题，大家对课题两个字不陌生不拒绝。经过2018年一年时间的酝酿，今年3月，我们递交了一份课题立项申请书，其主题为《小学生中华成语学习与应用实践研究》，此申请立项书得到了评审专家的认可，竟成了湖南省基础教育学会重点课题。

我作为一位中华传统文化的爱好者，红霞学校，1974年从霞城书院分离而建，有着深厚的传统文化的渊源，如今我有幸与其携手，应该有怎样的生发？有人说，“给我一个支点，我将撬动地球。”一番思考，“中华成语”占据我的脑海，这个念头产生的片刻，我甚至欣喜地对自己说，“给我中华成语，我要带动学校巨变。”一个念头就这样播种萌芽，3 月递交申请，5 月获得成功立项，立项的喜讯一点一点催发着它的生长。近一年里，我似乎中了成语的毒，逮住讲话机会就情不自禁以成语为话题切入，一有校园环境建设项目就想到让校园布满中华成语的文化气息，主题活动设计自然也少不了打上成语的烙印……一来一往，伙伴们心领神会，中华成语悄然入耳入眼入心，还偶见有主动思考与行动。

今天，我们主动提出承办课题论证会，我们是打起了小心思的，想借用天时地利人和的大好机会，夸夸自己。说是夸自己，其实是我自己心里的小满意，对这个课题主题视角的满意，对这近一年来我们一起研究行动的满意。当然更多的是，想把专家请进校园，请他们来实地看一看，有时间让我能多汇报一点思考，请求他们给予指导和修正。

心动不如马上行动，此项工作交给了副校长艺静老师全面部署。艺静与我心有灵犀，马上向我交流了她的思路：“将本次课题开题论证会以沙龙的形式进行，对立项申请只择其重点汇报我们的研究初心和研究思路，留出时间汇报我们如今研究的实际行动，可否?”“可！太可了！”我们要的就是这个新鲜劲！

汇报正在进行着，副校长艺静娓娓道来着我们的研究起源、陈述着研究目标、研究内容、研究计划，也借用研究假设憧憬着我们的研究蓝图，教导主任蔡蔡老师、德育主任茜茜老师分别讲述着老师们的教学故事和德育活动，班主任代表蕾蕾老师则用微视频展示着孩子们借中华成语表达争优向上的誓言和成效。专家们频频点头，纷纷说好。袁主任说："这是我十几年来看到的最别具一格的课题开题汇报，饱满的内容促成了新颖的形式，好！"罗主任说："曾听光辉校长汇报着想借用成语推动学校的传统文化教育，让中华成语在红霞校园落地开花，没想到，用成语还真可以做出这么多的教育教学，鲜活着呢。很好！"谭股长说："用心、用情、很真！期望中华成语遍布红霞校园各处，成为一个品牌。"听着汇报，听着评点，我们彼此的距离更近了，我们似乎和专家们想到了一块，我们似乎和中华成语融为了一体，会议室里暖洋洋的，每个人脸上洋溢着的是快乐，心窝里揣着的是欣慰。

进行"教育科研"是教师专业成长的重要途径，着手"课题研究"就是撬动教师专业成长，引领学校办学品位的那一个支点。没错，红霞，我来了，我带着对中华成语的学习与传播来了，在我的眼里，"中华成语"，它不光是一个课题实践的研究工具，更是学校文化品牌的建设工具。我相信：用情若为真诚至，羽化成蝶会有时。

诗词感悟

上平十四寒诗曰

直面魂灵难上难，大山十万脚蹒跚。必然飞到自由国，所欲从心矩做栏。

第十五章　慎独章·克己复礼

经典诵读

小人闲居为不善，无所不至，见君子而后厌然，掩其不善，而著其善。人之视己，如见其肺肝然，则何益矣？此谓诚于中，形于外，故君子必慎其独也。

学习分享

本章最后一句同第十四章，这一章是承第十四章再进一步论述慎独的重要性。因为慎独是儒家的一个重要概念，它讲究个人道德水平的修养，看重个人品行的操守，是个人风范的最高境界。何谓慎独？《辞源》有这样的表述：“慎独是指在独处时能谨慎不苟。”意思是说，独自一人的时候，也要自觉而严格控制自己的欲望，不依靠别人的监督。

独处，是一个完全自我的时空，思想上可以天马行空，行动上可以随心所欲。刘德华有一首歌曲名就叫作《独自去偷欢》，歌中这样唱着：独自去偷欢，我谢绝你监管，道别你身边，我寂寞找个伴……那种独自愉悦的心情酣畅淋漓，容易引起听众的共鸣。

可是任何事情都有两面性，正因为独处是远离他人视线，一切似乎只有天知地知我知，于是乎也有恣意妄为的时候，我们走进第十五章的文字来照照镜子，看是否有熟悉的一幕："小人闲居为不善，无所不至；见君子而后厌然，掩其不善。"这儿的闲居，即指独处，独居，悠闲独处；无所不至，指什么坏事都干得出来；厌然，是说躲躲闪闪的神态；掩，即掩盖、遮蔽；著，则是指彰显，显明。这句话就是一组连环画，描述的画面是那些没有道德修养的人在独处时的状态：当没有人注意时，什么坏事都做得出来，当他们遇到那些有道德修养的人时，却又躲躲藏藏，企图掩盖他们的坏事情，装出一副似乎做过好事的模样。26 个字，将小人闲居的所为描述得细致入微，那个做坏事时理所当然的随意样，那种见君子时竭力掩饰的慌张样子，跃然眼前，真是活灵活现。俗话说，撒一个谎要用无数个谎来圆，掩其不善谈何容易啊。其实，谎言从脱口而出那一刻开始，就已经对你的大脑和身体产生惊人影响。这时候，你的"掩其不善而著其善"就会自然流露：也许一向大方的你此时是手足无措紧张慌乱的，也许一向伶牙俐齿的你此时的表达是词不达意，逻辑混乱的。说得不好听一点就是"做贼心虚"的心态使然，你的外表必定出卖你的内心，这就是文中所说的"诚于中，形于外。"诚，真实无妄之谓诚；中，纯粹的指心中；形，在这是动词用法，暴露、显露的意思。

所以说，在“小人闲居为不善，无所不至；见君子而后厌然，掩其不善，而著其善”之时，其实别人透过小人的言行举止，就像洞察了他们的肝和肺一样，那么，这种掩饰又有什么好处呢？这就叫作真实的内心，必然表现于外在行为。所以，有道德修养的君子，即使独处的时候也一定要严格谨慎地约束自己。这就是文章所说的“人之视己，如见其肺肝然，则何益矣？此谓诚于中，形于外，故君子必慎其独也。”这也正是我们常挂在嘴边的一句话：“要让人不知，除非己莫为！”自欺欺人，掩耳盗铃，总有东窗事发的一天。

古之慎独的典范有很多。元代大学者许衡，一日外出，因为天气炎热，口渴难耐。正好路边有一棵梨树，行人们纷纷去摘梨解渴，只有许衡一个人不为所动。这时有人就问他：“你为什么不摘梨呢？”他说：“不是自己的梨，怎么可以随便乱摘呢？”那人就笑他迂腐：“世道这么乱，管它是谁的梨。”他说：“梨虽无主，我心有主。”清代，河南巡抚叶存仁在一次离职时，僚属们为给他赠物、送礼，想方设法不透露风声，一举一动避人耳目，在深更半夜无人能知、能见、能闻之时，用小船给他送了一批财物。叶存仁既不想私藏暗吞，又不愿生推硬挡，就写诗一首加以拒绝。诗曰：“月明风清夜半时，扁舟相送故迟迟。感君情重还君赠，不畏人知畏己知。”

生活的路上总是会遇到这样那样的困难，总是会面对这样那样的诱惑，人总是会有七情六欲，那面对这一些，我们是图己之便随意而为之，还是坚持即使“闲居”我亦“慎独”之呢？沃尔特·米歇尔（Walter Mischel）和他的同事们一起进行过一个著名的“棉花糖实验”：实验者给了 4 岁的孩子们每人一颗棉花糖，并告诉他们，如果等到实验者回来再吃糖的话，他们就能得到第二颗糖。后续跟进的研究显示，那些抵抗了棉花糖诱惑的孩子们到了青年时期相比其他孩子会更加成功。从而得出实验结论：那些能够抵御诱惑的能力预示着未来的成功。

这儿的抵住诱惑就是一种慎独的表现。说到这里，想到在今天市场经济时代，金钱诱惑滚滚而来，政府反腐倡廉，严肃党纪，“慎其独”是不是一种作为自我保护的防身术呢？

慎独是一种修为境界，是一种高尚道德的表现，期望我们每一个人都能把德性摆在首位，让纪律挺在前面，谨慎不苟，规行矩步，不忘初心，方得始终。

校园传真

克己复礼

——从和儿子的一次谈话引发的思考

2020 年的新年无可逃避地刻进每一个人的记忆深处，抗击新冠肺炎疫情，全民在行动。不串门、不聚会，停止运营、延迟上学。一天两天很新鲜，三天四天真无奈。今大吃过早餐，一家三口移步客厅，有心无心地各自翻着手机。突然，儿子说：“我好想我现在是一名初中生或者高中生。”

“嗯？啥意思？”我立马好奇追问。

“你想，要是我现在是初中生或者高中生，我有很多作业要做，即使没有作业，也有学习压力，会主动去刷题。你看现在，多无聊呀！”

哦，原来如此，儿子感到了无聊，儿子也不喜欢这种无聊，我接住话茬，说：“现在你也可以去看书，去画画，去弹琴，我们是可以让自己不无聊的哦。”

“我知道，可是，就是不能主动去看书去学习，静不下心来，因为没有了外在的压力。”

好一番真实的内心表白，儿子说得一点都没错，就是这样一种感觉，我有过，真切地有过。可以说这一刻就有，只是儿子比我更真实，他将这份内心与行为的矛盾袒露了出来。

有时候，压力，是个好东西，充满着无形的魅力。

想想，工作中，我们常常会遇到一些临时性的紧急任务，面对他们，我们从未说不，都是争分夺秒地干，忘了喝水，忘了如厕，哪怕是通宵达旦也乐此不疲。记得去年九月份刚开学，市教育局就下达了要完成“课程改革样板校”的申报工作，开学面临着一系列琐碎的事情，哪挤得出时间来呀，面对这项我们看中而又较为棘手的工作，艺静立马提前终止产假，返校上班，组织人马抓住周末全力行动；不久的 11 月份，区教育局领导建议我校申报两型示范校园，因为工作紧任务重，大家紧锣密鼓地准备着，可是呈报的资料还是没有成形，眼看着第二天就要交材料了，茜茜冲王校长脱口而出：“今晚我就没打算回家，非要把它弄出来不可！”待这句话转述给我的时候，我听得鼻头一酸。

这就是我们常说的“压力就是动力”吧。反而言之呢，则是“没有压力就没有动力”之说。

1 月 27 日，正月初三，上午接到张主任的电话，学校传达室线路老化突然断电，电工单独作业，不慎摔伤。我立即打电话给值班老师，结果出乎我的意料，她对此丝毫不知，因为此时她不在岗。今天是她一个人值班，身边没有人监督，于是乎，她只到学校亮个相，转身就出门溜达去了。

1 月 30 日，我忍不住戴上口罩来到学校，在校门口几轮按响喇叭，都不见有人开门，原来，保安里间的休息室，值班老师虽然早早到校，却坐在办公室远远遥控。翻看学校工作群，我清晰地记得，昨天下午我还有所提醒，“特殊时期的值班护校，请在传达室！”

说到这，我想起了我自己，曾经多少次，寒暑假前夕，心里信誓旦旦：我要好好利用这个假期，要读几本书，要写论文，要学习一种小技能……可是，一个假期过去，这些作业常常都以尴尬收尾。这个寒假至今亦如此。想到这，我赶紧走进书房，打开电脑。

人都是向往随性的，殊不知，正是因为这个叫“随性”的东西，一天一天将人与人的成长距离一点一点拉开着。怎样来给它一个对症下药呢？除了来自外在的“压力”，其实还有一种自己的修行，“慎独”。

老祖宗留下这样的话语：“是故君子必慎其独也。”可见，“慎独”是君子的成长正道，“慎独”是君子的特质所在。假如，为民其嘴慎独自律，不想馋涎，为商其手慎独规矩，不贪财欲，也许这场疫情就不曾有过。假如，我们齐心慎独守责，不许随性，也许，制度就是我们心中的敬畏，成长就是我们幸福的模样。

此刻，我把这句话送给我，送给我儿子，同时，我也连忙起草一份“红霞学校 2020 寒假延期开学期间生活作息指南”送给我守护着的红霞学校的孩子们，期望能给这个足不能出户的寒假，送去一份充实与希望，祝福小家大家，处处安好！

附：

红霞学校2020寒假延期开学期间生活作息指南

当前，新型冠状病毒疫情肆虐，牵动全国上下。教育部发出延迟上学的通知，我校根据上级教育主管部门有关决定延迟开学，具体开学时间待定。本着“停课不停学”的工作部署方针，我校向广大师生提出每天学习“三小时”的号召，特制定生活作息指南。

时间	活动安排
8：00	起床洗漱（适当睡会儿懒觉）
8：20—8：40	早餐
8：40—9：00	在家锻炼（武术操）
9：00—9：40	语文学习（朗读课文，认读积累生字词或优美句段等）
10：00—10：40	数学学习（速算、挑战一题）
10：40—10：50	眼保健操
11：00—11：40	空中课堂（充分利用网络资源看相关学习资料）
12：00—14：00	午餐、午休、帮家长做家务
14：00—15：00	随心阅读
15：10—15：50	20分钟听英语、20分钟学科学，或者练字（任选两项）
16：00—16：30	教师在家长群集中答疑，布置学习任务。
16：30—17：30	机动（做手工、看动画片、做家务、练特长）
19：30—20：30	观看网上资源或中央台节目（诗词大会等）
20：30—睡前	睡前亲子交流、自我评价

诗词感悟

上平十五删诗曰

君子立于天地间，不欺水也不欺山。外王内圣心如一，岂与小人论等闲。

第十六章　曾子章·精诚所至

经典诵读

曾子曰："十目所视，十手所指，其严乎！"富润屋，德润身，心广体胖，故君子必诚其意。

学习分享

早在第三章，我们认识了"诚意"二字，"欲修其身者，先正其心；欲正其心者，先诚其意。"从这个句子，我们知道了诚意的重要性，本章进一步重申诚意的重要性。

首先引用了曾子的语录，"十目所视，十手所指，其严乎！"我国古代好用数字指代数量，熟悉的三、六、九这几个数字，一般代表数量之多，十就代表到头了，太多太多了。这儿的十目、十手都不是一个具体的数字，而是代表极多极多。十目所视，是指无数双眼睛在注视着你；十手所指，是说无数双手在指向你；

其，是个通假字，同“岂”，可以表述为难道不；严，是严厉监督的意思。如果今天请曾子来表达这个意思，他就是这样说的：“即使你在独处的时候，周围也有许多双眼睛在注视着你，有许多双手在指向着你，这难道不是特别严厉的监督吗？”听了这一番话，是不是有背心发凉的感觉？这句话就是告诉我们一种现实现象，人活在人世间，你的所作所为，始终脱离不了现实环境，自然而然，就有许多人都在注意你的作为。至少如父母、夫妻、朋友，乃至社会上其他人等，都是互相影响，互相关注的。至于从政，或是在各行各业重要的岗位，有所成就者，拥有名声地位的人等，其被关注度就更加高了。

南宋末期，当贾似道做了宰相的时候，便有人送给他两句诗：“劝君高举擎天手，多少旁人冷眼看”。这也就是“十目所视，十手所指”的道理。这一句赠诗正是谆谆告诫“宰相啊，身居要职，一定要为民造福，切莫胡作非为！”正如我们今天耳熟能详的一句话，“若要人莫知，除非已莫为”呀，每个人的言论行动总是在群众的监督之下，不要去做坏事，如果做了必定是不可能隐瞒的。

如今，就更不要说了，不光是十目所视，十手所指，我们的生活空间到处都是电子眼，到处都是监控设备，到处都是实名认证，有纪检监察机构，有明察暗访行动，这一切的一切，正是在帮助着你我他，帮助整个社会走上诚其意、正其心、修其身的阳光大道！

接着来看看“富润屋，德润身，心广体胖，故君子必诚其意”这个句子。润，滋润，引申为修饰、装饰；心广体胖（pán），是说胸襟宽广，体质强健。这句话的意思很好理解：财富可以把房屋装饰得很华丽，美好的品德可以润泽身心，内心坦然，身体自然安康。所以，君子一定要做到内心的意念真实。

读着这句话，我们来重点关注“心广体胖（pán）”这个词语，是不是就想到了平时我们的一句口语“心宽体胖”？没错，相似的语言相同的含义。心胸宽广，能容天下能容之事，自然不会随意动怒，不会斤斤计较；自然心情愉悦，眉头舒展，笑容可掬，身体健康，俗话说“笑一笑，十年少嘛”。反之呢？为什么现在出现了越来越多莫名其妙的疾病，以前罕见的癌症现在变得如感冒一样普遍，这也许与心有关！欺骗、口是心非等身心内外的不和谐会引发各种情绪，如：焦虑、烦躁、愤怒、忧伤、恐惧等，这些不良情绪最终都会引发身体的疾病，所以，慎独、诚意，不仅仅是养德，也是养身啊！

真诚发乎心，要做到真诚，就是人前人后一个样，人前真诚，人后也真诚，有人无人一个样，诚于中，形于外，精诚所至，金石为开。真诚来自肺腑，就像手脚长在我自己身上一样自然自如，而不是谁外加于我的“思想改造”，外加于我的清规戒律。

还记得许地山的《落花生》一文告诫儿女们的一句话吗？“你们要像花生，它虽然不好看，可是很有用，不是外表好看而没有实用的东西。”无论何时何地，何年何月，内在美永远高于外在美！

当然，在当今美好的经济社会，我们倡导以德养身，竭力用自己真诚的意念来赢得安逸舒坦的生活，当然更倡导在好好享受精神文明的同时，也可以好好享受物质文明，这样身心皆美，美美与共，咱们一代生逢佳时，妙不可言。

校园传真

精诚所至

——记学校教学楼“中华五常”文化立柱的形成

“下课了，同学们像出笼的小鸟飞出了教室。”

“每当下课铃响，我们就会像一批批脱缰的野马，奔向校园里每一个角落。”

这是流淌在孩子们笔端的字眼，这是欢悦于孩子们心中的情感。

伴着孩子们的快乐，丝丝担忧也常常涌上心头，常常喃喃自语：你们能不能别跑呀，你们能不能慢一点走呢？希望时时刻刻都平平安安。

我校教学楼长约120米，一楼走廊上矗立着宽窄不一的12根矩形立柱，它们属于教学楼承重力量的一分子，全身铺贴着灰色的小方块瓷片，和教学楼浑然一体。经小瓷片包裹的立柱，有棱有角，用手抚摸，绝不可用力，否则有扎手划手的风险存在，因此，在这方天地的行走、活动时的讲规矩成了学校常规教育的一个必须内容，“宽转弯，勿触棱”，成了我们常常挂在嘴边的温馨提醒。

2019年9月，一年级新生刚入学不久，还没来得及入耳入脑，一个孩子胳膊上划了一道印子，还好，只是一道印痕，像走进丛林被树杈扫过一样。接着，一个小男孩撞到了一根柱子，被重重地撞了一下，顿时额头上鲜血汩汩直冒，年轻的班主任吓得跟着受伤的孩子一起直淌眼泪，浑身直哆嗦，我努力使自己镇静下来，内心已吓得颤抖，一边处理问题，一边自责不已：早已经认识到这是一个隐患，为什么不果断、及时、赶早地消除呢？“行成于思毁于随”，老祖宗的论断一点儿也没错！

针对水泥瓷片立柱存在的安全隐患必须解决，这个想法必须马上付诸行动，绝不能容许我们再有丝毫的随意与怠慢。

一是必须消除立柱的四条棱角；二是必须软化立柱的材质；三是要想方设法唤醒学生放慢行走的脚步。

第一、二条思考交给设计师可以迅速解决，第三个期望只能自己琢磨。学校团队开始了交流，虽然没有一瞬间具体化，但瞬间达成了共识，那就是，将这儿进行美化、内容化，建设一个休闲空间，让立柱不再是冰冷的瓷砖水泥，让它能说话会舞蹈。

想留住脚步，那就给它一条椅子，请你坐下来，应该最好不过吧。于是乎，在 12 立柱之间择其位置安置了三条长长的靠椅。

也许舒适的靠椅真能留住他们的脚步，那停留在这儿可以做些什么呢？聊天？可以。阅读？可以。赏景？可以。发发呆，养养神，舒展舒展？当然同样可以。这样的景象正是我们心中的盼望。

休闲空间建设持续思考。“让墙壁说话”是学校校园文化建设的共识，同理，“让柱子说话”，不就可以理解是其理念的延伸吗？立柱是矩形，它小巧玲珑，它有四个面，比墙壁空间更为立体而丰富。

“入芝兰之室，久而不闻其香，即与之化矣。”将校园建设成一个偌大的芝兰之室是我们成长的追求，那就从可视的芝兰入手吧，我们一致同意将最醒目的一面（面向操场）每一根柱子上绘上一株兰草，12 根立柱 12 棵兰草，姿态各不相同，同时将兰草青青草叶的绿颜色，确定为立柱装饰内容的主色调。淡淡的绿色装饰镶嵌在以浅灰为底色的教学楼间，雅致和谐。

“与经典同行，可打好人生底色”，如今，我们正走在“中华成语”特色校园建设之路上，借中华成语的力量来塑造孩子们的精气神是我校教育的支点。于是，与兰草相对的北侧柱面镶嵌好中华五常主题成语，中间十根立柱十个中心，“仁义礼智信，温良恭俭让”，围绕每个中心词选择两个成语。与之相邻的东侧柱面，依然围绕对应中心词展示一个名人和他的经典故事，既然故事是经典，那呈现的方式便采用文言版的文字表达，以提高认识经典的难度和深度。

“教育孩子或者说话都要留有余地，让孩子有思考的空间。”我认为校园建设也如此，留有余地，让孩子有思考和展示的空间。那就将立柱西面墙完全留白，每根立柱上标注出两个空白版面，倡议全校师生都来参与，可以不定期地展示自己的各种作品，可以分享喜爱的书刊，借用这一个立柱侧面，建设一个好书漂流站、作品展览区。如今，美术组的老师抢占先机，绘制了一打绢布团扇占领展示空间，我也按捺不住，挑选了一批童话故事刊物端端正正摆放上了。

我们的心思大家能懂。如今，一楼中华五常文化立柱成了校园新增的一道风景。三个月的漫长寒假过后，老师们惊讶眼前的风光，情不自禁地拿起手机拍照分享。孩子们仰着小脖子围着柱子转悠，摸着，看着，或端坐在椅凳上聊着天，或倚靠着柱子翻阅着书本，或流连在小花坛和花儿呢喃……

精诚所至，金石为开，一个行动，始于安全，成于风光。我愿风光有语，静美如期。

诗词感悟

下平一先诗曰

桩桩件件在人前，你我偕行入大千。莫问悬崖冰几尺，春风催放百花鲜。

第十七章　正心章·心无旁骛

经典诵读

所谓修身在正其心者，身有所忿懥，则不得其正；有所恐惧，则不得其正；有所好乐，则不得其正；有所忧患，则不得其正。心不在焉，视而不见，听而不闻，食而不知其味。此谓修身在正其心。

学习分享

"欲修其身者，先正其心；欲正其心者，先诚其意。"诚意为正心之前提，正心是诚意的进修阶梯。上一章节我们认识了诚意的重要性，而本章则来讲正心之法则，阐明格物致知的道理。"身有所忿懥，则不得其正；有所恐惧，则不得其正；有所好乐，则不得其正；有所忧患，则不得其正。"显而易见，"忿懥、恐惧、好乐、忧患"是"正心"的干扰所在。

这儿的“身”，程颐认为应为“心”，心理学家把人类的情绪分为四种基本类型，即喜、怒、哀、惧，这四种情绪正是文章所说的“好乐、忿懥、忧患、恐惧”。看来我们的祖先早早地就有心理学这个研究领域，早早地就出现了心理学家了。

情绪在我们的生活中扮演着十分重要的角色，众所周知，面对同一对象，不同的情绪，会有不同的认知结果。

那我们就来分析一下，这四种情绪下的言行举止：人在愤怒时，紧张感会有所增加，自我控制能力会急剧降低，甚至出现攻击行为；好乐时，包容心会有所增强，容易冲破底线原则，甚至走向极端，如范进中举；恐惧时，畏难情绪大大升级，举步不前抑或半途而废；忧患时会患得患失，往往过度顾及左右而患上选择恐惧症，畏首畏尾。

通过分析，我们发现，人们常常会被喜怒哀乐等情感支配，使你成为感情的奴隶而失去控制。无论处于其中的哪一种情绪，都不是最好的状态，都偏离了中心，都会有一些负面的影响。所以，在“诚其意”之后，还必须要“正其心”，也就是要以端正的心思（理智）来驾驭感情，进行调节，以保持中正平和的心态，集中精神修养品性。“所谓修身在正其心者，身有所忿懥，则不得其正；有所恐惧，则不得其正；有所好乐，则不得其正；有所忧患，则不得其正。”意思是说，“之所以说修养自身的品性要先端正自己的心思，是因为心有愤怒就不能够端正；心有恐惧就不能够端正；心有喜好就不能够端正；心有忧虑就不能够端正。”这个观点，特别中肯。

心不正，自然也就成不了事。因为心思不端正，就像心不在自己身上一样，是游离在外的，这样你的眼睛虽然在看着眼前的事物，但没走进你的视线，见到实同没有看见；你的耳朵虽然在听，但却像没有听见一样；你的嘴巴虽然在吃东西，但却一点也不知道口里咀嚼的东西是什么滋味。这正是我们常说的这几个成语，“心不在焉，视而不见，听而不闻，食而不知其味。”欲知各种滋味，唯有用“心”来体验，“此谓修身在正其心”，我们将它换成更通俗的表达，那就是“所以说，要修养自身的品性必须要先端正自己的心思”。

这里需要注意的是，面对人的七情六欲，老祖宗不是要你消除这些情绪，做个无情绪之人，若真如此，那人类世界岂不是成了植物世界？请听朱嘉说：“喜怒哀乐惧等都是人心所不可缺少的，但是，一旦我们不能自察，任其左右自己的行动，便会使心思失去端正。”所以，正心不是要完全摒弃喜怒哀乐惧等情欲，不是绝对禁欲，而只是说要让理智来克制、驾驭情欲，使心思不被情欲所左右，从而做到情理和谐地修身养性。原来，修身在正其心，不外乎是要心思端正，不偏也不倚，在面对他人他事他物的时候，排除杂念，端正心思，不要为情绪所牵绊，不要三心和二意，心正身自正，身正德自成。这样来理解，“修身在正其心”也就没有什么神秘感，也就没有什么可难以达成了吧。

校园传真

心无旁骛

——记迎战湖南省第四届校园武术比赛的这一天

今天，于我，如童话般的一天，穿梭于长沙街头。

一大早，赶往湖南宾馆赴一场文学之约，见证湖南省寓言童话文学研究会第四次换届暨会员大会，竟意外成为湖南省寓言童话文学研究会常务理事。

来不及咀嚼欢喜，连忙赶往湖南师大附中投身一场武术比赛，见证红霞学校武术社团的飒爽英姿，惊喜地捧回湖南省第四届校园武术比赛一等奖。

武术比赛尘埃落定，心里焦急的火熄灭了，揣着的事也落空了，我突然记起一件事，“今天是我的生日。”

今天，于红霞学子，也是童话般一天。五年的积淀，终于等来了绽放的时刻，站在湖南省第四届校园武术比赛的舞台上，五分钟勃发，登上了最高领奖台，捧回了一块金灿灿的奖牌。

说起这场比赛，我有过满怀期盼，有过自我安慰，但更多的是焦急与焦虑，这种复杂的心情持续到了比赛上场，更真实地说，持续到了成绩公布的时刻。

听伙伴们介绍，自 2015 年学校挂牌乡村少年宫以来，武术就走进了红霞校园，孩子们很幸运地拥有了武术课，有机会每周有一节课时间在专业教练的指导下习得武术的招式，一路走来，最早受益的是现在在校的五六年级学生，他们习武已有五个年头了。

因为经费的原因，加上教练的流动性强不好管理，好几次我都有过要放弃武术课的念头，但是，每每这个念头滋生的时候，总有割舍不了的情怀。于是乎，相互鼓励着，加强协调，把课堂把关扎实，把社团课程系列推进，把武术融入大课间活动，让武术伴随在孩子们左右，充溢于校园各处。也有几次曾做过美梦，让武术不光给孩子们强身健体，也能让武术成为学校一大特色该多好啊。

11 月 10 日，突然接到合作单位成卓武术馆颜馆长的电话，说是 11 月 30 日，将举行湖南省第四届校园武术比赛，赛事规格很高，是由湖南省体育局、湖南省教育厅联合主办，湖南省武术协会承办，属于校园武术比赛的最专业赛事。

我毫不犹豫回答："只要你能清楚明白比赛要求和比赛规程，我们就参加比赛。"请允许我就这件事没有向各位行政人员交流就擅自做主了（11 月 10 日是一个周日）。因为我迫切想检验一下我们五年坚守的成果，更想找到一个继续坚守武术进课堂的理由，或者说找到一个坚守的方向，至于成绩，那一刻，我真的没有多想，是骡子是马总得拿出去遛一遛。

接着，我毫不犹豫地把这项工作拜托给了能干的副校长艺静来全面部署。组队、训练、报名、购买服装、制作音乐，工作迅速展开。武术，专业性极强，武术比赛，我们从未认真观摩，到底比赛该以怎样的形式呈现？评比计分最重要的又是什么呢？全省校园武术如今是一个怎样的程度？训练着训练着，越来越迷茫，越来越焦虑，越来越有对成绩的功利欲望。有几天，我和艺静校长慌张于色，都不知进退了。但转而相互安慰：不参与怎会有惊喜，不走出怎能有遇见？就这样在安慰中汲取力量：不问结果，但寻过程。

一转眼，30 号来了，浩浩荡荡带着队伍，我们走进了省城，伙伴们隔着屏纷纷祝福鼓励着。置身于赛场上，情不自禁地涌上一种为荣誉而战的心理，看着秩序册上 135 支队伍的出处，心里的鼓敲得咚咚响，其忐忑不言而喻。那一刻，我明显地出现了急躁与不安。虽然，一大早，老公送来了生日的问候，此时，生日两个字在我的脑海里被排挤出局。有时候，工作起来真的会忘记自己，在一定的时刻，自己不属于自己，是属于团队的，是归于责任的。

赛程很严格，直到中午，我们的出场顺序才明确被告知是下午二号场地的第16号，“嗯，挺好的，要六六大顺!”我给自己注入幸运的念想。

“天地玄黄，宇宙洪荒……”伴着《千字文》的音乐，红霞队伍的比赛拉开了序幕，“哈、哈、哈哈……”一招一式随着口号声展现，蓝白相间的队服与蓝色的武术毯融为一体，相得益彰，孩子们目光迥异，动作整齐划一，口号似乎震天响，“心无旁骛，勇往直前，劈波斩浪，红霞最强”，3分40秒的比赛一气呵成，20个小武生喊着口号踏着铿锵的步子，终于完成了比赛任务。

“心无旁骛”“勇往直前”就是我们一路走来的铿锵脚步。可爱的孩子们非要陪着我一起等待比赛结果的宣布才肯离开赛场。苍天不负有心人，总裁判长宣布一等奖的获奖名单，我们屏息静听，终于，终于听到“……湖南省湘潭市岳塘区红霞学校!”“哇——啊——”，其实，我也没听清楚大家都叫了些什么，只见身边的每一个都欢呼着，都跳起来，和我一样，我和他们一样!“太好了！太不容易了!”我自言自语着。

孩子们抚摸着奖牌，高举着队牌，谁也不肯撒手，都尽情地咧开嘴，蹦跳着，翻滚着。这一刻，我理解了什么是忘乎所以，知道了什么是一蹦三尺高。是呀，其实孩子们的内心和我的内心一样，“太不容易了!”我们来自一个农村薄弱学校，我们的队员选自一个只有50个孩子的年级，其中这个班的原住民学生20来个。虽然这个班有机会接受五年的武术训练，但真正实操了五年的孩子只是极少部分。组建这个团队，我们尽力了，为了这场比赛，孩子们努力了，刚刚比赛下场的时候，我抚摸着几个孩子的后背，个个都是热烘烘的，潮润润的，这是拼足了力气的印记。

几位老师此刻心领神会，任由孩子们撒欢，几个女孩子簇拥过来，“老师，谢谢您培养了我们，谢谢您给我们这么好的机会！”领头的是梁如涵同学，胖乎乎的丫头，本来就是一脸麦色，几天里顶着太阳训练，胖乎乎的脸蛋晒得黝黑黝黑，刚刚化妆的时候，我给她抹了厚厚一层粉底，临上场前她还嘟囔着小嘴嘀咕着“我太难了，这怎么见人啊?”转眼，上了场就忘掉“太难”，入情入境，这一会，还心思细腻如此，我一把抱住了她。

孩子们，这是你们自己获得的机会，因为机会总是给有准备的人，135 支队伍，谁都是铆足了劲比赛的，10 个专业评委的阵容，其结果都是真金白银的含量。孩子们，你们值得拥有这样的荣耀，“一根筷子轻轻被折断，一把筷子牢牢抱成团”，五年前，你们就定下了心，心无旁骛，不偏不倚。你们团结，奋进，吃得苦，霸得蛮，是你们在用行动书写着红霞最强！

心有所定，稳健前行，参与才会有惊喜，走出才能有遇见，理想的憧憬在心中，最美的风景在路上。

诗词感悟

下平二萧诗曰

九成何处觅箫韶，有凤仪时未肯骄。我意徘徊焉可取，将心直上九重霄。

第十八章　修身章·礼尚往来

经典诵读

所谓齐其家在修其身者，人之其所亲爱而辟焉，之其所贱恶而辟焉，之其所畏敬而辟焉，之其所哀矜而辟焉，之其所敖惰而辟焉。故好而知其恶，恶而知其美者，天下鲜矣！故谚有之曰："人莫知其子之恶，莫知其苗之硕。"此谓身不修不可以齐其家。

学习分享

开篇第一句点名本章主旨，"所谓齐其家在修其身者"，显而易见，本章论述的是齐家与修身的关系。什么关系？条件关系，能否齐家在于修身与否，修身是齐家之根本。

为什么这么说呢？因为人都是有情感的高级动物，不同的情感会表现出不同的态度，这里列举出了 5 种常见状态："人之其所亲爱而辟焉，之其所贱恶而辟焉，之其所畏敬而辟焉，之其所哀矜而辟焉，之其所敖惰而辟焉。”先来了解以下几个关键词，读懂人类丰富的情感符号。亲爱：亲近喜爱；贱恶：鄙薄厌恶；畏敬：尊重敬畏；哀矜：同情怜悯；敖惰：轻视怠慢。

此时，让我们闭上眼睛静默一会儿，当你怀着这样不同的心情去面对一个人时，你是不是会有不同的价值取向：对喜爱的会偏袒，对讨厌的生偏恨，对尊敬的有偏向，对同情的很偏心，对轻视的持有偏见？会不会是这样子？是不是被一言中的？这就是文中所说的“而辟焉”，“辟”同偏僻的“僻”，意思是有偏向的，不是处于中立的位置，不同的情绪引发不一样的情感表现。

正因为这样丰富情感的存在，才有世事百态一说，这里引用了一句谚语“人莫知其子之恶，莫知其苗之硕”，这个谚语的意思是说：“没有人愿意知道自己孩子的坏处，没有人说自己家的禾苗长得好。”谚语真是生活的真实缩影，我是一个老师，对于“人莫知其子之恶”这个句子太有感受了，当有人批评你家孩子这呀那呀不好的时候，大多数的家长在第一时间就会表现出“护犊子”的行为，据理力争：“我家孩子挺聪明的，在家怎么怎么的好，怎么怎么的乖”，这是因为对孩子的爱在作祟，自然就会偏袒，属人之自然之常情。但这样的结果会怎样呢？面对喜爱的人，满眼都是优点，错误只是过失，结果会怎样？某些品质出现问题的小孩是不是这种爱的教育的产物？值得思考。“此谓身不修不可以齐其家。”

所谓齐家首先在于修身的意思是：人，对于自己亲近喜爱的人会有偏袒；对于自己鄙薄厌恶的人会有偏恨；对于自己尊重敬畏的人会有偏向；对于自己同情怜悯的人会有偏心；对于自己轻视怠慢的人会有偏见。所以，喜欢某人却能了解他的缺点，厌恶某人却能了解他的优点，天下很少有人能做到。因此，有这样的谚语："没有人愿意知道自己孩子的坏处，没有人总说自己家的禾苗长得好。"这就是说，自身的道德品质修养不好，就不能管理好家庭和家族的道理。

身之不修，何以治家？在这一章节里，告诉我们修养自身的关键是克服感情上的偏私：正己，然后正人，身正则人敬，人敬则家齐。

儒学的进修阶梯由内向外展开，"齐其家在修其身者"是中间过渡的一环。在此之前的格物、致知、诚意、正心都在针对个体自身进行，在此之后的齐家、治国、平天下，开始处理人与人之间的关系，从家庭走向社会，从独善其身转向兼善天下。当然，其程序仍然是由内逐步向外推展：首先是与自身密切相关的家庭和家族，然后才依次是国家、天下。也正因为首先是与自身密切相关的家庭和家族，才有一个克服感情偏私的问题。

从结构上来说，本章节属于典型的三段式论文结构，首先提出论点，然后摆出论据反复论证，最后强调论点，将修身齐家的关系明明白白地植入大脑，嵌入心灵："齐其家在修其身""身不修不可以齐其家"，很好地呼应了第四章"自天子以至于庶人，壹是皆以修身为本。"

校园传真

礼尚往来

——记化解一位老教师的心结纪实

接手红霞学校，在工作交接时，原任校长真诚地告诉我，“不好意思，你走马上任将面对一件棘手的事，副高级教师晋级人选还待最终定夺。”

经了解，原来问题是这样的：上年度学校只有一个副高级教师晋级指标，学校老师们优秀的人儿不少，有两位老师表达了强烈的愿望，经过一番考评和资料评审下来，两人出现了一个略微有差异的数据。可按档案年龄记录，周老师将于 4 月份光荣退休，为此，一向乐观上进的周老师因为不能晋级副高，感到心里有委屈，有诉求，学校领导们为此有点感到为难。

了解了情况，我心里也明白了几分。前期学校初步评审工作已经量化，已成事实，我要做的事情就是疏导。怎么办？是问题总该面对，“心”的工作还需从“心”出发。我和周老师素未谋面，我提醒自己必须将耳听讯息清零，然后约见周老师。

我们很快相见，我惊讶，眼前的周老师一袭飘逸的长裙，一头飘逸的长发，说话轻声细语，笑容温婉近人，我想，这位周老师一定多才多艺，一定很受学生欢迎，在我眼里，我笃定这就是一个好老师的模样。接下来，周老师娓娓诉说，我愉快倾听，她真情展现，我好心相劝，一来一往，彼此信任，渐渐地，没了隔阂，少了报怨。那一刻，我写下计划：周老师，您给我一个笑脸，我要还您一片灿烂。顿时涌出一个想法，我要给周老师办一个退休仪式，让周老师有尊严而又骄傲地挥手在校从教生涯。

记得 1992 年 8 月 1 日，我光荣地成了一名人民教师，那一天，我们新进员工都在湘钢教育中心集合，领导讲话之后，几位校长走进来，一个一个地认识我们这一群新老师，然后领着我们到了各自的学校。“我第一天上班是校长亲自领进门的!”我骄傲地告诉我的家人。她是一个北方人，是我工作的第一任校长，李素芳校长，现在过去 26 年了，我依然清晰地记得，记得她那一天跟我说的每一句话，那一天融入了我的记忆深处。想必，周老师当初也和我一样的幸运，在走上教师岗位的第一天也是这般的幸福被人接纳，得到欢迎。而今，周老师工作 30 余年，即将挥手曾经的芳华，这也是人生中一个重要的驿站，也是值得拥有一个幸福的挥手。《大学》有说道，“物有本末，事有终始，知所先后，则近道矣”。这是老祖宗的诤言，老祖宗不讲“始终”，偏讲“终始”，词序的变化是暗含提醒，很多时候，面对一件事情“终”和“始”一样重要，有可能“终”比“始”更重要。

心动不如马上行动，我打听到周老师的生日是在农历四月十五日，我思忖着，如果有可能，我们就把退休仪式定在这一天，而且悄然进行，不漏风声。

就在这一天，我们按计划将周老师邀请到了校园，参加我们的周会课。校园里飘荡着《长大后我就成了你》《我爱米兰》的旋律，主持人艺静老师声音甜美，她深情主持，告诉孩子们，今天是一位老教师退休的美好日子；丹玉老师重情重义，她和学生深情演绎，借用一曲《跪羊图》，用手语送达对师者的感恩之情；随之，少先队员送上鲜花，敬献红领巾，亲切地叫着“周老师”

"周老师"；全体员工簇拥着合影留念；我呢，代表全体红霞人予以致辞，表达我，表达全体红霞人对一位前辈的感谢与祝福："此刻的校园，红霞映日，情意浓浓。因为今天的集会有着与众不同的意义，在这，我们一起见证周老师光荣退休。我想，此刻大伙一定和我一样，心里充满了感谢，充满了祝福，充满了不舍。周老师，虽然我没能和您共事，但从和您的几次匆匆交流，从同事们对您的介绍，从孩子们每每见到您那一刻的欢呼，我知道，周老师多才多艺，桃李满天下！几十年里，周老师立足红霞学校这片土地，默默无闻奉献智慧，孜孜不倦耕耘心田，红霞的教室里有您对孩子的谆谆教诲，红霞的办公室里有您和同事们的欢声笑语，红霞的校园各处有您的翩翩身影，您永远是红霞学校的亲密的家人。再次，请允许我代表全体师生向您道声：谢谢您，周老师，欢迎您常回家看看！"

一切曾经的辛劳、奉献、不惑、不快，化成镜头里的相拥与欢笑，仪式简单而温馨，悄然将为师者的温暖与幸福留存于我们的心尖，根植于全体孩子的心里与眼中。

几天之后，周老师开心地来到学校，我们一起开心地坐在食堂午餐，见到退休老师愉快地走进校园，真感觉是一件愉快的事情。像无数个午餐时间段一样，我们随意聊着，突然，周老师说："我曾经在心里说过，退休了，我也就不走进这个校园了，如可今，我情不自禁地来了，又来了……""谢谢您，周老师，您给予了我们晚辈信任，看到您这么愉快来到学校，我们感到心情舒畅，这儿永远欢迎您！"

虽然是一位退休老师，与我的管理工作看似没有什么交集，但，我认为，我有一份责任，要让身边的人愉悦，让团队里的成员信任，何况此时我是一名管理者，凝聚团队，应该从“心”开始，心近了，脚步就不会远。

谢谢您，周老师，是您给了我一份友善，让我学会了尊重与珍惜。生活需要仪式，管理需要智慧。这是一位退休老师送给我的成长礼物！

诗词感悟

下平三肴诗曰

人初善恶两相交，左右如何各自抛。心正自然生慧眼，看穿万象胜吞爻。

第十九章　齐家章·众擎易举

经典诵读

所谓治国必先齐其家者，其家不可教而能教人者，无之。故君子不出家而成教于国。孝者，所以事君也；悌者，所以事长也；慈者，所以使众也。《康诰》曰："如保赤子。"心诚求之，虽不中，不远矣。未有学养子而后嫁者也！

学习分享

本章就是论述治家与治国的一致性。原文是这样子说的：所谓治国必先齐其家者，其家不可教而能教人者，无之。故君子不出家而成教于国。孝者，所以事君也；悌者，所以事长也；慈者，所以使众也。《康诰》曰："如保赤子。"心诚求之，虽不中，不远矣。未有学养子而后嫁者也！

先来理解几个词语：教，就是教育、教化；成教，是指成功的教化、感化；悌，指弟弟应该绝对服从哥哥；慈，指父母爱子女，也指君主爱平民；如保赤子，出自《尚书·周书·康诰》，原文是“若保赤子”，其中赤子是指出生的婴儿。这个句子是周成王告诫康叔的话，意思是保护平民百姓要如母亲养护婴孩一样。中，指中意，符合。

全章的大意是这样的：所说的治国先要治好家族的道理是，如果连自己的家人都教育不好，却能教好别人的，那是从来没有的事。所以，有道德有修养的君子，就是不走出家门，也能把好的德风教化推广到全国。能孝顺父母，也就能侍奉国君；在家能尊敬兄长，也就能尊敬长者；能慈爱幼小，也就会亲爱百姓，并能调使百姓。《尚书康诰》说：“爱民就像爱自己的婴儿一样。”心里确有这念头就诚诚实实地去推求，虽然未能事事合理，即使达不到目标，也不会相差太远。要知道，从来就没有谁是先学会抚养孩子，然后再出嫁的啊！

国家，仅从语词关系来看，国和家的关系就是如此血肉相连，密不可分。成龙演唱的一首歌曲《国家》，其中就有歌词这样唱道：家是最小国，国是千万家。家是一个小小的王国，家长就是它的国王；国是一个大大的家，国王就是它的家长，尤其是在以家族为中心的宗法制社会时代。所以说，治家、治国，如出一辙：在家能尊敬兄长，出门你也就能尊敬长者；在家能慈爱幼小，在外你也就会亲爱百姓，反之，做不好家长就当不好国君，治理不好家族就治理不好国家。

俗话说，家和万事兴，一个家庭能否兴旺就在一个字“和”，“母慈子孝，兄弟敦亲、尊老爱幼”，上下便是一团和气，幸福洋溢在每一个家人的脸上；一个国家能否兴旺也在一个“和”字，

“爱护民众，民生之至，国泰民安”，百姓就会安居乐业，上下齐心其利断金。《孝经》中有一个经典语句：“爱亲者，不敢恶于人；敬亲者，不敢慢于人。”意思就是强调告诫：“孝敬父母的人，进而就会关爱社会。”

我们都是生活的演员，首先我们尽可能提升自我的德性，扮演好各自的角色，“为人子，止于孝；为人父，止于慈”，善待身边的每一个人，经营好自己的家园，天下便可大同，因为“君子不出家而成教于国”，因为“孝者，所以事君也；悌者，所以事长也；慈者，所以使众也。”心诚求之，虽不中，不远矣！

校园传真

众擎易举

——记一次建队日活动的如期举行

“沙沙沙，沙沙沙……”伴着这熟悉而又陌生的声音，迷迷糊糊着，迷迷糊糊闭着眼睛侧耳倾听，“难道是下雨?”“不会真的是下雨了吧?”越听越像，越听越觉得是，心里一惊，猛地睁开眼睛，窗帘缝里透出一丁点亮光，加上我的生物钟，我敢笃定现在还不到六点钟。因为我一向是睡眠动物，不到六点半难得自然醒来。可今天是怎么呢？难道是天公提早给我发送信息：昨天天气预报不精准，今天天公未按计划撒播甘露，若有不便，请提早规划。

天呐，您这叫我怎么办？今年是少先队建队70周年，建队日适逢周日，本着做事赶早不宜迟，10月12日就在今天，学校举行建队日主题活动，还特意邀请了一年级50名新队员家长共同见证孩子们的成长。学校条件有限，暂没有可以容纳全校学生开展会议活动的室内场馆，咱们的活动向来都是得益于天老爷欢喜情绪的厚爱。可如今呢……一向嗜睡的我，此时哪还敢有什么睡意？脑子里转开了机器，一会侥幸着：睡吧睡吧，保不准一会就雨停了吧？一会又使起小性子：叫你下下下，干脆推迟算了，谁叫农村学校不受关注，连个校园电视台都不跟我配置，活动不成怪不得我！稍等片刻，理智将其一一否定：事情哪能总如人意，说不定，天老爷就是来给我一个小小考验的呢？孙悟空纵有七十二般变化能上天能入地，也要经过九九八十一难方可获取真经。于是乎，坚定地起床，坚定地决定：如果七点半钟没有停雨，就转战五楼录播室，今天必须给孩子们一个严肃而活泼的入队仪式。

与此同时，和我同样焦虑的还有大队辅导员茜茜主任，茜茜打电话过来，我俩迅速交流达成共识，挂下电话，想必此刻我俩的心一定都在飞向学校的路上。

安排好校门口的值班，我一路蹬蹬直奔五楼，谁知更有早来人，茜茜、高进两位老师已将录播室里的课桌椅腾空、调整，摆成了一个大大的U字，随之，身后响起了秀姐的声音：“看要怎么摆放，我来！”她一边捋起袖子一边就近搬起了一张桌子，我顾不上表达感激，丢下包赶紧一起搬腾挪移。渐渐地，星星老师来了，蔡蔡老师来了，洋洋老师来了，六年级的几个高个子学生来了，大队干部来了……大家心领神会，只听到教室里桌椅摆放挪动的声音，只看见五楼走廊上来回忙碌的大大小小身影。

转眼，教室变舞台，课桌全部撤离，黄色椅子在教室后端划出三道弧线，这是家长老师学生代表的观众席；五彩小方凳在教室两侧一字排列，这是新队员候场区；高高的讲台铺上红红的金丝绒布面目一新，这是颁奖台；黑板经美术老师即兴彩绘，变成背景墙；教室西北角队旗招展，好一派节日的喜庆。就这样，小小六十平的一间教室被大家装扮成一个节日 party 的空间。此时，距离八点钟还有五分钟。

今天自走进校园跑上五楼，我不曾有过担心，是怎样的一种意念？是我对茜茜老师的信心，因为我看了她的活动方案制定得非常翔实；是我对团队的信心，因为“成人之美”已走进了我们的心里；也是我对自我的信心，因为我一直真实地和大家在一起。

八点，广播宣布，活动如期举行，音响师艺馨老师到位，摄影师璇子老师到位，旗手颁奖嘉宾到位，全体行政到位，主持人到位，一切准备就绪。

正副班主任分别引领着新队员和新队员家长排队入场。伴着嘹亮的队歌，高年级的哥哥姐姐给小弟弟小妹妹戴上鲜艳的红领巾，优秀少先队员给新队员家长赠送鲜艳的红领巾，孩子们在队旗下庄严宣誓，表达成长的诺言。孩子们的小脸蛋被映照得红扑扑的，家长们个个抑制不住乐呵呵的，老师们的脚步终于能渐渐慢了下来。

“凡事预则立！”“凡事聚则成！”你说，假如，今天茜茜老师没有周详的活动流程，纵有坚定的决心，事能成吗？你说，假如，今天只有茜茜，只有我二人奋战，纵有三头六臂，能成吗？

故，我谨记，2019 年 10 月 12 日，虽然天气不美丽，但仪式让人心情很澎湃，这场如期的入队仪式，是天公对团结的挑战！

诗词感悟

下平四豪诗曰

合成氢氧浪滔滔，彼此神行一样高。国是大家家小国，同思同力亦同操。

第二十章　兴仁章·良师益友

经典诵读

一家仁，一国兴仁；一家让，一国兴让；一人贪戾，一国作乱。其机如此。此谓一言偾事，一人定国。

尧舜帅天下以仁，而民从之；桀纣帅天下以暴，而民从之。其所令反其所好，而民不从。是故君子有诸己而后求诸人，无诸己而后非诸人。所藏乎身不恕，而能喻诸人者，未之有也。故治国在齐其家。

学习分享

“一家仁，一国兴仁；一家让，一国兴让；一人贪戾，一国作乱。其机如此。此谓一言偾事，一人定国。”意思是说“一家人如果仁爱，全国的人都会兴起仁爱；一家人如果都能谦逊礼让，全国就会兴起谦虚礼让之风；如果有一个人贪婪暴戾，全国就会有很多人犯上作乱。治国的关键就是这样，这就叫作：一句话就会败坏事情，一个人就能安定国家。”读到这，我脑海里立马出现一个成语“国家兴亡，匹夫有责”，国家的兴盛与衰亡，与每一个老百姓都息息相关，家国关系就是如此紧密。

接下来，我们来阅读历史：“尧舜帅天下以仁，而民从之；桀纣帅天下以暴，而民从之。其所令反其所好，而民不从。”

尧舜，传说中是父系氏族社会后期部落联盟的两位领袖，即尧帝和舜帝，历来被认为是圣君的代表。《尧典》有记录：(帝尧）治理天下，严谨明达，深思熟虑，仪态文雅温和，容貌恭谨严肃，谦己礼贤。他自身的道德光耀四方，悉通天地。由此简要记述可见，尧帝治国，首先是修明自身，然后把自己的美好品德推广开去，使自己的部落成员都如此和睦亲善。孔子称赞舜帝：“舜之为君也，德若天地而静虚，化若四时而变物，是以四海承风，畅于异类，凤翔麟至，鸟兽训德。”意思是说，舜帝仁爱好生，他的德行犹如天之高、地之厚，而又宁静谦虚，教化如四时，使万物生长，所以四海都接受了舜帝的教化。凤凰和麒麟出现，连鸟兽也驯服他的威德。桀，夏代最后一位君主；纣，即殷纣王，商代最后一位君主。二人历来被认为是暴君的代表。桀、纣，以施暴于民，人民便跟随着予以施暴，天下动乱。

阅读历史我们看到了“尧舜用仁爱统治天下，老百姓就跟随着仁爱；桀纣用凶暴统治天下，老百姓就跟随着凶暴。”这就是文章所说的“尧舜帅天下以仁，而民从之；桀纣帅天下以暴，而民从之。”这也正所谓上行下效的道理。

阅读历史，我们得出的结论是怎样呢？《大学》这样写道：

"其所令反其所好，而民不从。是故君子有诸己而后求诸人，无诸己而后非诸人。所藏乎身不恕，而能喻诸人者，未之有也。故治国在齐其家。"

这儿的"诸"是"之于"的合音；"恕"，即恕道，何谓恕道？这个可以用孔子说过的一句话来理解，"己所不欲，勿施于人"，意思是说，自己不想做的，也不要让别人去做，这种推己及人，将心比心的品德就是儒学所倡导的恕道；"喻"，就是"家喻户晓"中的"喻"，使别人明白。

历史要告诉我们的是，"统治者的命令与自己的实际做法相反，老百姓是不会服从的。所以，品德高尚的，总是自己先做到，然后才要求别人做到；自己先不这样做，然后才要求别人不这样做。不采取这种推己及人的恕道而想让别人按自己的意思去做，那是不可能的。所以，要治理国家必须先管理好自己，管理好自己的家庭和家族。"

读史使人明智，因为"以史为鉴，可以知兴替"。《大学》的这一章带着我们阅读历史，列举尧舜治国的仁道，列举桀纣的暴政，两相对比，指出"其所令反其所好，而民不从""所藏乎身不恕，而能喻诸人者，未之有也"的历史现实，其实是在反复强调以身作则，真诚教导"君子有诸己而后求诸人，无诸己而后非诸人"，这些思想却并不因为社会时代的变迁而失去光彩。它既是对"欲治其国者"的告诫，值得推荐给当政为官的人作为座右铭；也是对儒学"恕道"原则的阐发，可广泛应用于生活的各个方面，作为我们立身处世，待人接物的有益参照。

校园传真

良师益友

——偶闻一个五年级学生心语有感

“我觉得这个学期好玩多了，呵呵。”我扭头一看，小丫头双手撑在桌上的一叠作业本上，盯着廖老师批阅她的作业，自言自语道，还呵呵着笑得合不拢嘴。

我认识她，是五年级62班的学生。瞬间意识到她口里的这个“好玩”的背后是源于一个人，于是，我接过话茬：“怎么就好玩了呢?”“因为叶老师来了，呵呵。”果不其然，其答案如我猜测。你看，小丫头一张小嘴还是合不拢，出卖了她此时满心的欢喜，应该这就是“心花怒放”的模样吧。我趁热打铁：“真羡慕你们，有一个这么幸福的班级。别忘了把你们的欢喜和幸福告诉叶老师哦。”“嗯。”小丫头连连点头，有点害羞地说：“上个星期五上围棋课的时候，有几个同学就用围棋子拼了一个‘叶’字，摆在讲台上，叶老师被感动了。”“哇，真的?像电视剧一样哦。”我夸张地说道。

说是夸张，其实仅是语气上的夸张了一点，语言才是我真心的表达。此刻，为有这样能懂感情有情商的孩子们而欣喜，为孩子们学习阶段有这样幸福的遇见而叫好！2014年9月9日，习近平总书记在北师大第三十个教师节座谈会上这样说：“一个人遇到好老师是人生的幸运，一个学校拥有好老师是学校的光荣，一个民族源源不断涌现出一批又一批好老师则是民族的希望。”

叶老师是本学期调入我校的一位新老师，从湘钢二校而来，有过做教导主任的经历，带着骨干教师的称谓走来。在外人的眼里，她来到我校是有所委屈，于我们学校，她的来到是注入了智慧的源泉。

62 班，本学期进入五年级，这两年里，这个班连续遇到两位语文老师的调离，到现在，四个学期经历了四个语文老师三个班主任。红霞，虽在发展上升期，可依然是一所薄弱学校，教师队伍就如流水的兵。面对这样的教师队伍不稳定状况，面对这样一群可爱的孩子们，想到这群善待我们的家长们，想到他们的满心期待，我疼在心里，着急在眼前，可又无可奈何。叶老师的到来，行政人员有点欣喜，似乎看到这 51 个孩子终于有了一个可以长情的班主任老师。

记得开学第一天，叶老师一改新学期报道的常规，分别召开家长会、班会，一直忙乎到近 12 点，家长们在走廊上安静等候，时不时听到家长议论，“这个老师有几把刷子”“看来这个老师不一般”……说者无心，听着有意，我自是心里明白、欢喜，更有丝丝佩服，因为，见过老师被家长佩服不已的，但没想到叶老师竟拥有片刻就把家长“圈粉”的技术！

接下来，这种“圈粉”的技术不断上演：开学第一天，班规班纪全悄然上墙，用制度说话，自我管理；开学第一周，学习小组迅速组建，传帮带学，团队比拼。没多几日，教室里面貌焕然一新：励志故事抬头可见，绿植盆栽触手可及，“书香阅读”角，“百舸争流”榜，颇有创意，这是践行环境育人的理念；金秋十月，隆重推出家长课堂，邀请家长和老师学生共同来打造班队课堂，家校携手合力，推动家长教育观念转型，这是创新学校思政教育的典范……

两个多月里，孩子们在叶老师身边，耳濡目染，感同身受。我呢？学校呢？怎能岿然不动？那么，我们应该做点什么好呢？我们试着这样做起来：多关注 62 班的闪光点，把他们放于众人面前，因为每一个人都希望被关注，每一点进步都希望被发现；时不时送份小惊喜，让他们享受到成长的特殊待遇，就在昨天，教导处请来家好老师给 62 班送上一节思维导图课；上个星期，党支部邀请 62 班的学生代表参加党员老师们的主题教育活动；近日，学校科技社团将参加湖南省 DI 创意比赛的重任交给了 62 班。

人人都这么说，“小孩子是不会撒谎的。”是呀，孩子们的心灵最纯真，孩子们的笑容最真切，孩子们的话语最真实，今天，小丫头她乐呵着的不是说其他，她表达的是“这个学期好玩多了”，“好玩”二字，传递出的是什么呢？我是这样以为的，叶老师不但温柔美丽，而且能够给学生营造一个好的课堂氛围，让学生获得身心全方位的放松。孩子天性是爱玩的，在他们的童年里，最快乐的事情就是玩耍，孩子在玩耍的过程中是最自由奔放，最幸福可爱的。由此推理，“好玩”就是一种幸福，“这个学期好玩多了”就是“这个学期很幸福”，情到浓处便不自禁，不自禁说出口，说出心里的欢喜，不自禁会惦记，惦记这个人这件物，所以，拿起棋子摆出个“叶”字也就自然不过了，有意无意地表达“这个学期好玩多了”也就自然而然，那一刻孩子们是情不自禁的，是幸福奔放的！

“爱就要大声说出来”，谢谢孩子们的分享，今天我也要向你们学习，大声说出我的幸福：“感谢叶老师加盟红霞！”“感谢一直坚守红霞学校的许老师、张老师、肖老师、李老师!”“感谢不断选择红霞的新伙伴们!”“感谢有缘红霞学校的孩子们!”一切都是最美好的遇见，我爱你们!

诗词感悟

下平五歌诗曰

可泣民心更可歌，中间行效势如何。匹夫或是微尘样，萍末风生费琢磨。

第二十一章　民法章·之子于归

经典诵读

《诗》云："桃之夭夭，其叶蓁蓁。之子于归，宜其家人。"宜其家人，而后可以教国人。《诗》云："宜兄宜弟。"宜兄宜弟，而后可以教国人。《诗》云："其仪不忒，正是四国。"其为父子兄弟足法，而后民法之也。此谓治国在齐其家。

学习分享

"桃之夭夭，其叶蓁蓁"好有画面感的一句诗，你看，桃花绚烂，枝繁叶茂，春意盎然，一派生机勃勃的景象。读到这，是不是顿时感觉身体舒畅、心情愉悦？在写作中，往往景物是对主题起衬托作用而出现的，美好的风景通常预示着美妙的事情发生，确实，在这样美好的日子里，"之子于归，宜其家人。"果真这是一个大喜特喜的日子，因为，之子是指代这个女子；于归是指女子出嫁。这个大喜事就是说，“这个姑娘要出嫁了，她会使夫家人和睦相亲。”

以上这个句子引自《诗经·周南·桃夭》，文章接下来还有两处引用。第二句“宜兄宜弟”引自《诗经·小雅·蓼萧》，意思是说，“要尊兄爱弟”。第三句“其仪不忒，正是四国”引自《诗经·曹风·鸤鸠》，这个“忒（tè）”，指差错，全句的意思是“他的容貌没有邪恶的模样，就可以成为四方国家的表率。”

三处引用《诗经》警句，只为论述家庭和睦在治国中的重要性。

这儿的家庭，依然是指中国传统意义上的家庭，包含有着血缘关系的兄弟姐妹在内的家族，那么，家庭伦理就由父子、夫妇、兄弟三重伦理关系组成。齐家之道是通过这三重关系得以实现的。文章中引用《诗经》的三个句子就是分别说明处理好这三重伦理关系对治国的重要性。第一、二句就是分别从夫妻角度、兄弟角度来进行论述的。

第一句是祝愿新娘子的进门会增添更多和气，使家庭和睦，相亲相爱，因为“宜其家人，而后可以教国人。”意思是“只有一家人和睦相亲，然后才可以教化广大的国民百姓。”自古有道是，“妻者，齐也。”若妻子贤惠，相夫教子有术，则丈夫愉悦，公婆开心，兄弟姐妹学有榜样，自然家里一团和气，左邻右舍耳濡目染，自然有所教化。如今，我们不也常戏说“我们从小都有一个敌人叫邻居家的孩子吗?”妈妈说，“你看人家邻居家的孩子，多听话呀，让干嘛就干嘛。”妈妈常说，“你看人家邻居家的孩子，多好学呀，年年考第一……”从另一个方面可以看出好的家风是邻里八乡的学习榜样，这也可以理解为“宜其家人，而后可以教国人。”

第二句是提醒祈愿兄弟相亲，尊兄爱弟，因为“宜兄宜弟，而后可以教国人。”意思是“只有家中兄弟和睦，然后才可以教导广大的国民百姓。”《弟子规》里有说，“兄道友，弟道恭，兄弟睦，孝在中”，兄弟和睦，一家和乐融融，父母自然喜欢，其孝道也就在其中了。“兄弟同心，其利断金”是从《周易·系辞上》演变而来的一个成语，不仅在中国家喻户晓，还蜚声海外，其意是说，兄弟齐心协力，就会释放出惊人的能量。周公，原名周公旦，周武王的弟弟，周武王姬发即位，以周公旦为辅相，无论军国大事还是其他的疑难小事，武王总是与周公商讨。周公呢，以佐助辅弼武王为己任，忠心不二，处理很多朝政要务。在武王病死后，又辅佐周成王，从成王十三岁到二十岁，代理天子职权，一心朝政，排内忧、征外患，巩固了周王朝的统治，给“成康之治”奠定了基础。宜兄宜弟，自然就能家国平安，安居乐业，为人称道，民法效之，起到教化广大老百姓的效果。

第三句提醒外表的修行，要注意容貌举止庄重严肃。我们常说，相由心生，从心理学层面来说，每个人的面相都反映着其相对应的身体和心理的状态，眼界即为心界，面相即是心相。在玄学中呢，也说一个人的个性、心思与作为，都可以通过面部特征表现出来。故此“其仪不忒，正是四国”，“一个人的容貌端庄严肃，就可以成为四方国家的表率。”我们也常说，微笑是最美好的语言，其实说的也是这个理，你带来阳光，自然能给身边的人驱除阴霾，你亲切和善以对他人，他人自然予以善意友好来奉上。

综观三个句子，虽然讲述的是三个层面，其实围绕一个中心，即“好榜样有好结果的呈现，坏榜样有坏结果的影响”。所以，“其为父子兄弟足法，而后民法之也。此谓治国在齐其家。”意思是说，只有当一个人无论是作为父亲、儿子，还是兄长、弟弟，都足以被人所效法时，老百姓才会去效法他。这就是说要治理国家必须先管理好家庭和家族的道理。治家之好坏，关乎治国之成败，和睦相亲，国民敬服，德行典范，后民法之，此为伦理政治之特质。

校园传真

之子于归
——记 2018 年秋喜迎七位新同事

“铁打的营盘流水的兵”是一句俗语，意思就是营房是固定的，而每年都有老兵走了，新兵来了，就像流水一样。在此我觉得用它来形容我校教师队伍的存在状况特别合适。

转眼，新学期的号角吹响了，8 月 28 日，伙伴们接到集结号相聚会议室，围绕会议桌，满满当当一圈，20 人。其间从上学期一路走来的老兵 13 人，今天新任上岗 7 人。我们脱口而出欢迎“七仙女下凡”。

七仙女落落大方，挨个自我介绍，其中最大的 33 岁，最小的才 20 岁，有的已有从教经历，有的刚刚走出大学校园，其中三位是组织分配来的编制教师，另外四位则是学校临聘的暂无编制的教师。我们的目光被她们的自我介绍所吸引，并感到欣喜，随之，我们以最热烈的掌声欢迎新伙伴的加盟，就近相互予以爱的拥抱。

此时，屋外阳光温柔，屋内气氛融融，我心里不由默默吟咏，“桃之夭夭，其叶蓁蓁，之子于归，宜其家人。”这十六个字，正是此时此地此情的写照。今天的迎新就如喜收媳妇，茫茫人海偏偏相牵手，有幸结成红霞家人的缘分，我们祈愿“之子于归，宜其家人”。于这七位伙伴，今天的加盟就如嫁入夫家，个个都是满怀热情，为孩子的成长，为教育的发展而来，他们志在“宜其家人，然后可以教国人”。

喜庆之时，莫名地涌上一丝担忧，环顾一圈，今天 20 个人的团队，其中大于三分之一的是新兵，这不得不说是管理上的一道难题：磨合情感是必须，上岗引导是必须，能长时间地稳定这支团队更是要思考的。

有道是“上下同欲者胜”。党支部、教导处、校工会不约而同地向我表达了这份担忧，交流了行动建议。

马上，一个方案形成，其宗旨为“从心出发”，其第一件事情，给每一位新人制作一张欢迎卡，其大体思路是，利用三天时间分头捕捉七仙女的几个工作镜头，附上学校成长心语和校长签名留言，谨以此卡纪念启程，独一无二！

一切在悄然进行。周一开学典礼上，伴着一曲《老师，您好》，小小主持人将七位老师请上主席台，书记一一献上鲜花，校长一一送上神秘小卡，七位老师惊讶得瞪大了双眼！台下的老师们举起手机咔嚓咔嚓，抢拍这温情的时刻！

生活需要仪式。“之子于归”时刻，岂容错过？我不想，你为此而感动，我只想，这儿可以为你留下点什么。我不需要你拼命工作，我只想说我们彼此都要在乎。

没错，校园应该是一个有故事的地方，应该是一个有温度的地方。红霞，其校名就透着温度，有道是“一方水土，养育一方人”，那就让我们向着霞光，从“心”出发吧。未来的日子，我们可以试试这样来保持好红霞家园的温情：第一，让德有认知，加强学习，寻求专家引领，激发教育情怀；第二，让学有方向，开展青蓝工程，师徒结对共学共进；第三，让心有归属，给予生活一点仪式，让每一个特殊的日子充满诗意；第四，让人尽其才，给有志者挑重担，参与管理，主持课题，挑战比赛。

我于是思考，也将于是向前！

诗词感悟

下平六麻诗曰

枝枝有韵绽奇葩，树树生辉灿绮霞。更胜一园家与国，盈眸春色足堪夸。

第二十二章　絜矩章·上行下效

经典诵读

所谓平天下在治其国者，上老老而民兴孝，上长长而民兴悌，上恤孤而民不背。是以君子有絜矩之道也。

学习分享

上一章讲家齐对国治的重要关系，其立足点是面对众百姓的言行。第二十二章聚焦于一个人，他是国家的最高行政长官、最大家长。国君、帝王，即文章中的“上”这个人，国君的规范与表率在治国中更是起着至关重要的作用，这个道理我们都懂也都认可。第二十章中也写道，“尧舜帅天下以仁，而民从之，桀纣帅天下以暴，而民从之”，帝王怎么做，百姓怎么做，帝王怎么说，百姓怎么说。所谓“上行下效”，所谓“上梁不正下梁必歪”，表达的都是这个意思。

“所谓平天下在治其国。”要治好国，居上位的国君应该怎样做呢？原文写得很清楚，“所谓平天下在治其国者，上老老而民兴孝；上长长而民兴悌；上恤孤而民不背。是以君子有絜矩之道也。”遵循絜矩之道，做好三件事：老老、长长、恤孤。

老老：尊敬老人。前一个“老”字作动词，表示尊敬的意思，后一个“老”字，作名词，意为老人老者。老老的意思是把老人当作老人看待。

长长：尊重长辈。前一个“长”字作动词，意思是把长辈当作长辈看待。

恤：体恤，周济。孤，孤儿，古时候专指幼年丧失父亲的人，恤孤就是指怜爱孤儿。

国君受众人仰慕，国君就是一杆风向标，他的一举一动都是一本形象的教科书：国君尊敬老人，民间就会兴起尊敬老人的风气；国君尊重长辈，民间就会兴起敬重长辈的风气；国君体恤救济孤儿，民间也就不会有人背弃幼小。所以，在上位的人要有推己及人的恕道。即文章所说的“絜矩之道”。这儿的“絜”，指度量；矩，本指画直角或方形用的尺子，引申为法度、规则。儒家以“絜矩”来象征道德上的规范。絜矩之道是以推己度人为标尺的人际关系处理法则，指内心公平公正，做事中庸合德。

儒家中“恕道”重点强调的是“己所不欲，勿施于人”的将心比心方面，“絜矩之道”则是重在强调以身作则的示范作用方面。“是以君子有絜矩之道也”，品德高尚的人总是要实行以身作则，推己及人的“絜矩之道”。尤其是管理者，如孔子对季康子说：“当政者的德行好比是风，老百姓的德行好比是草，只要风吹草上，草必然随风倒伏。”（《论语 · 颜渊》）世道人心，上行下效。关键是看你说什么，提倡什么，做什么。榜样的力量是无穷的，领袖的力量更是不可估量的。所以，当政治国的人必须要有“絜矩之道”。

习近平总书记有着深厚的家庭情怀。习总书记率先垂范，其孝顺父母，重视亲情，成了老百姓街头巷尾的美谈佳话，他用行动解读“百善孝为先”的意义所在，这就是“上老老而民兴孝”。再看看今天的“上长长而民兴悌；上恤孤而民不背”。习近平总书记在大江南北视察调研，见到老人总是牵着老人的手一起走，总是笑容可掬地坐在老人身边嘘寒问暖，每每见到小孩子给他献花或经过身边，他准会蹲下身子一把抱起。透过电视，这些镜头看得老百姓心里暖暖的，崇敬之情自然而生，教育效应不说立竿见影，但一定润物无声，潜移默化。

治国如此，其家也如此，管理一个团队更如此，推己及人，处处示范，上行下效，君王做好尧舜之君，臣子自成尧舜之臣，这就是圣人所说的大治之境。

校园传真

上行下效

——记与一位小女生聊天引发的感受

一场运动会累晕了老师，但放飞了学生。下午，我站在田径赛场边，置身学生堆中，时不时有学生来搭讪着。其中 64 班的一个小女生站过来，和我聊上了：

“今天拔河最好玩……嗯，可惜这是在这儿的最后一次运动会了……”

“小学是最开心的，到了中学就不会是这样子了……”

“小学的老师真好，我们学校的老师个个都很友爱……”

听她说到这，我认真了，望着她，说，“是吧？”一面是肯定她的评价，一面想她继续这个话题，果然，她骄傲的话匣子关不住了，“我举个例子给你说啰，”说着，她掰着手指头，“你就是的吧，美术罗老师吧，叶老师，李老师，都是的，总是笑眯眯的样子，呵呵……”说时，分明是一脸的满足。

以上这些在我耳边虽然不是什么新鲜的言辞，但今天再次听到孩子们自主而由衷的表达，此刻，我比她更满足和骄傲，这应该就是对“办人民满意的教育”答卷的批阅吧。

童言童真，言由心发。言传身教是最好的教育方式，爱是最好的教育方法。你看，老师给予他们的陪伴他们感受着，老师冲他们的笑容他们回应着，老师给予他们的鼓励表扬他们接收了，老师的知识与智慧他们学习着，在学生的眼里，老师不光是老师，还是耀眼的明星，孩子们每天都在追星，他们每天也如我们批阅他们的作业试卷一般，同时在批阅着我们言行举止。

这时候，我的眼前也放电影一般的闪现：为开学迎新，各班教室窗明几净，课桌书本整齐摆放，黑板上欢迎标语别出心裁，表达的是热情的接纳；渐渐地，各班教室都是班主任自掏腰包创意设计，65、69 班依然延续国学风，70 班教室绿意盎然，64 班小相框和小多肉彰显出生命成长的意义，71 班最是大刀阔斧，四面墙壁焕然一新，68 班的错别字银行学习园地别出心裁，67 班教室硕大的中国版图板报，63 班巧辟象棋娱乐一角，这些无一不在传递着文明向上的教育期盼。今天运动会上的花式入场秀更是赓续红色血脉，将智慧与拼搏集大成的展现。孩子们沉浸其中，潜移默化的感受，知行合一的体验，文以化人，不亦悦乎？

本学期新加入的伙伴较多，加上双减、五项管理等新政策的进驻，平时我和几位行政人员向伙伴们念叨的日常琐事也相对多一点，但全体伙伴们都是满心地支持参与且不断地调整，呈现出很多令人骄傲之处：六年级友爱帮助一年级，全面而持续，尤其是开学典礼上的大手拉小手是一道兄友弟恭的好风景；来校支教的尹老师与所带班级教室虽只一墙之隔，但是每一个晨读、午餐、眼操，她都选择随时驻扎教室，将优秀学校的优秀教育经验带进了我们的校园；71 班的孩子们已经养成了轻声细语自主管理的好习惯，晨读午诵总是书声琅琅；72、73 班的孩子们一转眼个个长成了小绅士，见到老师总是弯腰行礼问好，放学路队 2 列纵队笔笔直直，可作全校的榜样；偶尔出现了一起 70 班同学不慎磕破额头的安全事件，一楼办公室的老师全员出动及时处理；发现亭子有点摇晃了，张主任第一时间发出提醒把它隔断处理，透过家里阳台发现学校夜间亮灯，廖玥老师有点着急就及时提醒；接收到老师们对食堂伙食的建议和男生如厕不文明行为，学校也不曾懈怠，极力而尽快予以改善……如此这些，似乎都已成为大家的习惯，孩子们每天看在眼里，感同身受，春风化雨，润物无声，静待花开。

今天，我看到一篇文章，文章分析了芬兰教育中贯穿始终的价值观，概括起来是三点：信任为基、学生第一和不竞争学校。我顿时觉得，其中就有我们的影子，一直以来，我们就是彼此信任着，因为信任，偶有更换教学老师，家长也较能愉快给予认可，因为信任，我们有底气赶在国庆假前成功举办运动会。一直以来，老师们都是将学生摆在第一的位置，每一步行动都在反复追问“如何影响我的学生学习的可能性和幸福感”，所以才有伙伴们情不自禁地投入和友善的付出，才有孩子们脱口而出对她的老师一次次骄傲的表达。而不竞争学校文化这个理念传递的不正是伙伴们的团结与友善吗？在工作中弱化人为的竞争，去形成友好的合作，彼此的学习，资源共享的工作状态，正如一句谚语所言，“一个人走得快，一群人走得远”。如此这样，在这个举国欢庆的节日里，我们全体伙伴们也可以自信地说：“请社会放心，教育有我们！”孩子们也可以铿锵誓言：“请党放心，强国一代有我在！”我骄傲，我们携手同行！

诗词感悟

下平七阳诗曰

生民最要是堂堂，岂以二心称圣王。行止春风同化雨，至平无咎勇担当。

第二十三章　所恶章·推己及人

经典诵读

所恶于上，毋以使下；所恶于下，毋以事上；所恶于前，毋以先后；所恶于后，毋以从前；所恶于右，毋以交于左；所恶于左，毋以交于右。此之谓絜矩之道。

学习分享

本章再论絜矩之道，承前而来，从反面论述絜矩之道：不要把自己厌恶的东西施加给别人。

恶，读 wù，是厌恶、讨厌、憎恨之意。文章提到 6 种“恶”，所恶于上、于下、于前、于后、于右、于左。这儿的上下前后左右，分别是指处于不同位置的人。上，居于上位，即你的领导，与之相对应，下位则是指你的下属；前后，可以指认识交往的先后出现的人，或者说相对于比你优秀或落后的人；右左，是泛指身边的人。

其中“毋”很好理解，古今同义，就是不要的意思；“交”和今天表达的意思不一样，在这是“加给、施加”的意思。

那么，这一章的整体意思就是说，我厌恶在上位的人以不合理的态度对待我，我也就不以这样的态度来对待下面的人；我厌恶在下者以不合理的态度对待我，我也就不以此态度来对待在上位的人；我厌恶在前的人以不合理的态度对待我，我也就不以此态度来对待在后的人；我厌恶在后的人以不合理态度对待我，我也就不以此态度来对待在前的人；我厌恶在右的人以不合理的态度对待我，我也就不以此态度来对待在左的人；我厌恶在左的人以不合理的态度对待我，我也就不以此态度来对待在右的人。这就叫作道德上的规矩和示范作用。

读到这，是不是有“换位思考”四个字蹦出你的脑海？我们身处茫茫人海，每天面对形形色色的人，每天接见不同的面孔，是不是都尽如人意呢？绝不可能！那么当接收到不喜欢，这时我们是该去找个替身发泄消化掉，还是应该反观其身引以为戒，及时修正自己德行呢？“絜矩之道”的正确行动是：应该设身处地，赤诚以待，换位思考，引以为戒。

子曰：“见贤思齐焉，见不贤而内自省也。”

子曰：“三人行必有我师焉，择其善者而从之，其不善者而改之。”

以上两句出自《论语》的经典语句，两句话都是在提醒我们怎样面对他人反观自己：对行道中人善的好的做法就去跟从去学习，对其不善的不好的行为和做法，就要结合自己予以提醒予以改正。上下前后左右的人，就是一面面人生的成长之镜。

我们也曾听说，“文明滋养更多的文明，野蛮催生更大的野蛮”，如果，我们遵照絜矩之道，每每心生厌恶之时，及时反观自己，用你的冷静与理智，设身处地为他人着想，那么，我们就会将“野蛮”扼杀于摇篮，担当文明使者！

校园传真

推己及人

——记一次期末迎检有感

12 月 26 日，毛主席诞辰纪念日，下午，一束暖阳洒遍大地，阴雨连绵的气象神奇般戛然而止。此刻，人们灿烂地迎接着这个美好的日子，我们正认真地迎候着教育局一行领导来校进行同业对标检查（一期一次的学校全面工作考核）。

虽然是一期一次的检查，都说是常规检阅，但是，人，骨子里都有一种向上的气质，此轮检查结果关乎学校的整体形象，故全体行政人员不曾有一丝小觑，早已为此紧锣密鼓地张罗好一阵子了。此时，依然无暇欣赏屋外暖阳下的晴好风光，只顾穿梭于会议室、办公室与教室，或再翻翻查查备好的资料，或再走走看看校园的角角落落，或是叮嘱叮嘱伙伴们要注意的事项。

下午大约 4 点钟，检查组的领导们先后赶到，对照文件标准逐一翻阅资料、查看校园、问询家长、访谈师生，各位行政团队的伙伴们如实汇报，虚心请教，一切轻松愉悦而有条不紊。

看着眼前摆放整齐的资料盒，听着检查组领导和伙伴们的交流，我也随即收集着反馈的信息：本次呈现的资料有所疏漏，教师论文获奖情况，学生科技比赛获奖项目的数据统计不够全面。我走过去翻阅资料发现究其原因是两点，一是对照文件中计分标准没学习透，二是学校获奖证书没有及时收集到位。面对获奖数量统计的质疑，教导处、学生处的伙伴们回忆起来确实有所疏漏，露出一脸沮丧。看到眼前的他们，我也很遗憾，回想起来，这样的失误还真的是第一次，面对此，是该责怪还是安慰呢？

上半年的同业对标的评比结果显示，我校位居同类学校前列，我知道，上半年考核结果给予了各部门的行政领导压力，如果本次迎检我再予以压力就似为不妥。所以，本次展现的迎检资料中任何一个项目我都没有提前查阅，知道伙伴们在尽力，在尽着全力，我给自己心里打了预防针：一是上半年检阅已经打下了较好的基础，再怎么样也不会差到哪去的；二是本次检阅若有闪失，那一定是我们的过程管理某些方面的意识还存在认识的偏差或者说存在漏洞，来年再查漏补缺也未尝不可。

但事情来了，我还是有点按捺不住，忍不住拉着他们几个予以了询问与反思，并叮嘱明天要加以补救。不是为了考核的分数，而是不能因为我们的一个疏忽隐藏了红霞师生的成长和成绩。因为促进教师能有专业成长，引领学生敢于比拼进步是学校的责任与义务。

检查结束，待孩子们放学离校，我走进办公室一屁股坐下来，就似乎被黏住了一般，一丝也不想动弹，就想安安静静地坐着，放空脑瓜子，放松全身心，呆呆地。这种突然而来的感受之前似乎少有过。究其原因呢？应该归结为“压力”二字。

回顾近两三个星期，工作接踵而至：精准扶贫迎省检、未成年人思想道德建设情况抽查，创卫迎国检随机暗访、省市立项课题的开题结题、岳塘区政府督学第四片区督导交流、湘潭市教育信息化创新示范校园申报、五星党支部创建工作迎市检、电子白板辅助教学说课比赛、期末同业对标全面考核、学校电路设备增容协调、加上校门口路段维修工程迟迟没有落实等。

此刻，我的身心有如此感受，那么伙伴们是否也如我一样感觉身心疲惫着呢？下午检查后，我忍不住地说教是否让他们此刻忐忑与不快呢？

我们是一个年轻的管理团队，副校长、教导主任、德育主任都只有约一年的岗位实操经历，其岗位管理职责、迎检经验及应对等都还在摸索的路上。工作必须应情而定，如今每一项工作，于我们而言，过程比结果更重要，为此局领导也总是于我们厚爱一层，包容有加，上半年的同业对标成绩能位居 21 所学校前列，这就是局领导鼓励的讯息。

有曰：“爱出者爱返，福往者福来。”我得到的是包容，我传递的也应是包容，于是乎，我拿起手机，在行政群里留下此刻我的内心独白：“各位领导为了对标迎检忙了一场，今天还受了小惊吓，在此借一朵小花花压压惊。收拾心情记录今日反馈以备来日工作的便利哦。”随之借一个“抢红包”活动表达我的谢意，如此这般收拾妥当，随即写下几句顺口溜送给自己：年关岁末甚是忙，主席诞辰送暖阳。一扫平川诸慌乱，推己及人安心房。而后舒然下班归巢。

诗词感悟

下平八庚诗曰

当时山谷现回声，大小随吾意气成。万物行藏俱可鉴，衣冠正罢更心明。

第二十四章　得众章·同心同德

经典诵读

《诗》云："乐只君子，民之父母。"民之所好好之，民之所恶恶之。此之谓民之父母。《诗》云："节彼南山，维石岩岩。赫赫师尹，民具尔瞻。"有国者不可以不慎。辟则为天下僇矣。《诗》云："殷之未丧师，克配上帝。仪监于殷，峻命不易。"道得众则得国，失众则失国。

学习分享

文章题目就是文章的眼睛，得众章，自然就让人想到经典语句，也就是本文的论点："道得众则得国，失众则失国。"众，即民众，广大的老百姓。本章就是论述怎么亲民，为什么要亲民。

首先说说怎么亲民吧。《诗经·小雅·南山有台》这样告诫："乐只君子，民之父母。"

乐，即快乐，喜悦、美好；只，语助词，无意义。这句话是说：“快乐善良的国君啊，是老百姓的父母。”说得更具体一点就是这样表述：“民之所好好之，民之所恶恶之。此之谓民之父母。”老百姓所喜欢的他也喜欢，老百姓所厌恶的他也厌恶，这样的国君就可以说是老百姓的父母了。你看，国君和老百姓有着相同的是非观，步调一致，犹如一家人，这样的国君就是受人欢喜尊敬的好家长。

接着来说说为什么要亲民。这儿两处引用《诗经》，举了两个例子，看是不是能让我们明白。第一处引自《诗经·小雅·节南山》，“节彼南山，维石岩岩。赫赫师尹，民具尔瞻。”节，指高大；岩岩，高大险峻的样子；赫赫，威严的样子；师尹，南太师伊尹，太师是周代的三公之一；具，通“俱”，都、皆的意思；尔，指代你；瞻，瞻仰，仰望。这句话的意思是：“巍峨的南山啊，石崖险峻直立。威仪显赫的尹太师啊，人们都瞻仰着他。”一看就知道这里把尹太师比作巍峨的南山，他在人们心目中像高山一样伟岸，令每一个人仰视之，受人敬佩敬仰！他为什么会有如此高的地位呢？伊尹研究三皇五帝和大禹王等英明君王的施政之道而远近闻名，以至于使求贤若渴的商汤王三番五次以玉、帛、马、皮为礼前往有莘国去聘请他。《孟子·万章》篇说，伊尹“以尧舜之道要汤”“而说之以伐夏救民”，教汤效法尧舜的以德治天下，为救民而伐夏的方略。他任丞相期间，整顿吏治，洞察民情，使商朝初年经济比较繁荣，政治比较清明，商朝国力迅速强盛；他耐心教育大甲，使其悔过反善，复位“勤政修德”，商朝的政治又出现了清明的局面。《史记》称“诸侯咸归殷，百姓以宁”。伊尹，就是商朝的这样一位思想家、政治家、军事家，在商朝发展史上功不可没，仰之弥高！怎么亲民？“有国者不可以不慎”也。

第二处引自《诗经·大雅·文王》。《诗》云：“殷之未丧师，克配上帝。仪监于殷，峻命不易。”师，指民众；配，符合；仪，通假字，同“宜”；监，鉴戒；峻，大；不易，指不容易保有。整句话的意思是：“《诗经》说，殷朝没有丧失民心的时候，君王的德行与上帝的要求是相符的。所有的人请用殷朝做个鉴戒吧，因为天命不容易永葆哦。”借鉴什么？借鉴民心一致，民心一致从何而来？君王德行与上帝要求相符。我们人类遇到困难麻烦的时候，会在心里祷告：“请求上帝保佑”“谢谢上帝”，虽然这是唯心的，但可见在我们潜意识里存在的“上帝”是庇护人类的，是成人之美的。如果，君王能从人民利益出发，把人民利益放在心中，让人们有安全感，幸福感，是不是就凝聚了人心呢？殷商政权就是一个鲜明的例子：商汤即位，他就吸取夏朝灭亡的教训，广施仁政，深得民心，商朝政权迅速得以巩固，农业手工业迅速发展起来，商朝处于奴隶制鼎盛时期。怎么亲民？“克配上帝”也。

以上两处引用，记录了商朝的历史点滴，史以明鉴：这就说明，获得民众拥护就能得到国家，失去民众拥护就会失去国家。这就是我们需牢记在心的经典教导词：“道得众则得国，失众则失国。”

关于民心的重要性，已经是古往今来都毋庸置疑的了，留下了很多经典语录。除了我们可以脱口而出的“道得众则得国，失众则失国”，还有“水能载舟，亦能覆舟”“得道者多助，失道者寡助”“得民心者得天下”……不过，理是这个理，但纵观历史，却往往是当局者迷，旁观者清。所以，才会有王朝的更迭，江山的改姓，当政者“为天下僇”。看来，浅显的道理，需深刻的理解，更需诚挚的践行！

校园传真

同心同德

——记构建家校共同体的思考与发现

每天站在校门口迎进送出老师同学们上下学，同时也是我同家长接触的时间，站在接送孩子的人群中，彼此迎上一个笑脸，彼此示意一个点头，算是我们的问候，借用这个窗口，我们相互发现，也常常相互获得欣慰和鼓励。

本周周一早晨 7：30，我照例站在校门口，与我相对站立在校门另一侧的除了值日的三个学生，还有一个身着红色衣服的年轻妇女，她一个人，静静站在那，似乎在等人，好一会，原来她等来的是一个大纸箱，只见她接过纸箱便开始拨电话，我估摸着是给学校送什么货，电话一定是连线我校哪位老师，申请要把东西搬进去，于是我赶忙过去，问：“你是要送货进校园吗？我帮你先抬到传达室吧。”听我一说，她赶紧说：“校长，不用的，很轻的。我是 71 班家长，网购了一点绿萝，装扮教室。”哦，原来是新一年级的家长，她说完，抱起箱子愉快地走进校园，听她说完，我愉快地目送着她。

当然，我和家长彼此期待的相识绝不止于此。和老师们的聊天，浏览伙伴们的朋友圈，翻阅孩子们的作业，都是我靠近家长的途径，近日的收获还真不少。潘乐老师感恩分享：几位家长利用周末，将教室地板彻底清洗，教室后墙齐刷刷地摆了一排收纳柜，70 班师生人手一个；娅玲老师惊喜展示：＊＊同学家长，连续几天手工制卷给孩子进行复习预习。无独有偶，周四晚上，杨红老师接着晒图并附上感言："今天晚上被晋萱妈妈感动了。"原来，晋萱妈妈配合每天在校的拼音学习，和孩子开展拼读听写比赛；周二中午，看见 65 班几位能干家长带着孩子们一起更换板报；周五，胡梦涵爸爸走上讲台，拉开了 62 班家长幸福课堂的序幕。

是什么时候开始，我们的家长和老师变得这么亲密默契？是什么时候开始，我们的家庭和学校变得这么齐心合力？是谁说，农村学校的家长不重视孩子教育？这时候，不由得让我回想起了上周六兄弟学校的一位老师给我的一段留言："罗校，今日第一次来红霞学校，看到贵校正在举行建队活动，贵校家校共建活动颇有仪式感，值得我们学习！"难道是从上周六建队日活动开始的吗？显然不是，一定不是！因为情感是要培养的，感情是建立而起的。

"春色满园关不住，一枝红杏出墙来。"如果，藩篱高高筑起，阻挡红杏出墙，走过路过，谁又知道这堵墙后的春日盎然？

教育亦如此，学校只顾埋头拉车，培养的将是井底之蛙；教师只知孤军奋战包打包唱，那将严重浪费资源。教育是学校、家庭、社会三者共同的事业，教育的过程，三者各自均有参与的义务，亦有责任。

走到今天，红霞学校的家校共建也是写下了一段经历。记得 2018 年 2 月 28 日，上午学生报到，下午便办起了家长先行课堂，"爱自然智慧树"讲师团逐班授课，告诉家长"爱孩子从懂孩子开始"，这是学校第一次请专家给家长授课培训，这一堂课，让家长耳目一新，推开了家庭教育的大门。

从此，家长课堂也成了学校的常规工作，传递着家庭教育的重要性，畅谈与孩子沟通的方法，诉说孩子生活习惯的养成策略。一次一次交流，家庭教育的意识明朗起来：父母好好学习，孩子更能天天向上。家庭教育的决心也日益坚定起来：陪伴是最好的教育，要带着爱与智慧陪伴孩子长大。渐渐的，家校之间的屏障逐渐消除，老师、家长相见之时，彼此眼神变得温柔。随后，我们的邀请也不断升级：2018 年 5 月 27 日，邀请全校有兴趣的家长来校观摩第二届传统文化艺术节，共度六一儿童节的欢乐时光；2018 年 11 月，每班组织家长运动队，师生家长一起竞技，感受校园秋季运动会的速度与激情；2019 年 9 月 1 日，家长牵手孩子走过红地毯，见证启智描红开笔礼，携手迈进新学期……

德国哲学家雅斯贝尔斯这样描绘着教育：“教育就是一棵树摇动另一棵树，一朵云推动另一朵云，一个灵魂唤醒另一个灵魂。”没错，教育的功能就在于唤醒与推动，培育学生如此，引领家长亦然。如今，我们的家校共建已然走过了唤醒期、觉醒期，步入了发力期、合力期，其同心同德的力量感动了老师，也感动着我。

诗词感悟

下平九青诗曰

汩汩涓涓势未停，汪洋一片岂无灵。一帆直向云边去，且察舟前水可宁。

第二十五章　慎德章·素履以往

经典诵读

是故君子先慎乎德。有德此有人，有人此有土，有土此有财，有财此有用。德者，本也；财者，末也。外本内末，争民施夺。是故财聚则民散，财散则民聚。是故言悖而出者，亦悖而入；货悖而入者，亦悖而出。

学习分享

本章从德本、财末的角度，论述治国应以德为本，以财为末，施行德治。这个毋庸置疑。这一章学习内容阐述的道理我们都懂，那我们重点来看看文章是怎样把这个理说明白的吧。

首先理解其中三个生僻词语。“先慎乎德”，是说君子首先要慎重地修养自己的道德；“外本内末”，是指将根本当作外，将枝末当作内，意为喧宾夺主，主次颠倒。结合这一章来理解，“本”是指“德”，“末”是指“财”；“争民施夺”，与民争利，施行劫夺。

本章的意思是说，君子必须谨慎修德。有德行才会有人拥护，有人民拥护才能保有土地，保有土地才会有财富，有财富才有用度。道德是根本，财富是末节。如果把根本当作外在的东西，反而把末节当作根本的东西，那就会引起民众争斗，互相劫夺。所以说，财富聚集在国君手中，人民就会背离，财富分散给人民，民众就会聚集在国君身边。因此，你用不合情理的话待人，别人也就会用不合情理的话来对待你，你用不合理的方法去获取财富，别人也会用不合理的方法把财富夺去。

“有德此有人，有人此有土，有土此有财，有财此有用”，把德行，人心，土地，财富，四者的关系一目了然地摆放于眼前，读着这一句话，德本财末的道理就一清二楚啦。在李嘉诚的处世之道中，他从不看重一些虚名和财富，李嘉诚认为赚钱的目的不是享受，而是更多地回馈社会，帮助他人。1980 年，他成立李嘉诚基金会，基金会从 1980 年成立至今，捐款已近 80 亿港元，凡是有华人的地方，就都知道李嘉诚的名字，李嘉诚的名字响彻了全世界。

那如果把他们的关系颠倒或者混乱，会是一个怎样的结果呢？这里我先送上一句话“鸟为食亡，人为财死”，如果你把财产看得过重，那你必死无疑。说个例子吧，“周扒皮”为了延长工时降低成本获取高额利润，半夜学鸡叫，结果呢，长工们将计就计现场“捉贼”，遭受一顿乱棍鞭打。虽然“周扒皮”只是一个小说主人公，但也是现实社会地主的缩影，这也是“财本德末，反受其害”的经典教材。当今社会，“反腐倡廉”的号角吹响，我们也看到了很多鲜明的例子，某些官员买官卖官、行贿受贿，最后脱下官服披囚衣，锒铛入狱度余生。真可谓是财聚民散，违背正理，必受惩罚。

有人会说“经济基础决定上层建筑”，这个与本章的观点有冲突吗？我认为没有。这儿是强调“德者，本也；财者，末也”，是提醒“财聚则民散，财散则民聚”，是告诫“货悖而入者，亦悖而出”。并没有说不要财，都去广济天下而自己当穷苦人民。正所谓“君子爱财不贪财”可也，“君子取财有道”，对也。“富则达济天下”，好也！

德行是儒学反复记述、强调的中心问题之一。把德与财对举起来进行比较，提出“德本财末”的思想，从儒学的治国方略来看，有着积极的意义，对今天来说，重精神而轻物质，崇德而抑财的倾向，仍是具有非常突出的现实意义。

校园传真

素履以往

——组织科技社团成员参加“院士来了”主题活动有感

辗转了一天，此刻很困，但此刻还有一件比解困更重要的事情，想向大家汇报参加“院士来了”活动的经历和感受。

上周五大约两点半，湘潭市青少年宫乔老师打来电话：“罗校，现在有一个与院士面对面的活动，在长沙，经团市委牵头，湘潭地区获得了30个学生与会的机会，接到这个消息，我瞬间就想到要把这个机会给红霞学生……”那时，学校正在全面大扫除，我尖着耳朵听着乔老师的介绍，把“院士、面对面、机会”几个关键词迅速记录下来，一面给书记转述，一面在脑子里确认。与院士面对面，对于我们学校的孩子们来说，真是一个机会，一个提升认识的机会，一个刺激学习主动性，激发成长发展斗志的机会。也许我想多了，但根据我对我们学生的了解，红霞的孩子们眼界确实还有待被开阔，对志向理想类的认识似乎还欠发散开来，为此，我们有引领的责任，依我之见，这是个成长的机会。

和书记达成共识，和四、五年级的四位班主任老师一起明确参与对象，本次活动是在周末，需征得学生和家长的同意，四位班主任将本班科技爱好者召集在一起，逐一给家长打电话，告知活动，问询参加与否。不到半个小时，名单确定，只有一位同学家长婉拒，其余都表现出惊喜与高兴。

学生人员确定下来了，随行的老师呢？书记立刻接下任务，随之王璇老师热情加盟，我打电话给艺馨，艺馨二话不说，欣然接受，且还那么善解人意说：“年轻妈妈都要带孩子，我比她们有时间，完成这个任务没问题。”

就这么半个小时，由 35 个学生，5 位老师组成的“我与院士有个约会”出行团就这么愉快地确定了。我们集合在会议室，对周日的活动进行交流与简单的布置。在这个时间段里，书记悄悄地联系好广告公司制作了一条横幅（“院士来了，红霞学校也来了”），准备好了校旗，整理好了一份师生名单，在班主任老师的协助下，也迅速安排了旗手，组建了四个小分队。

周日早上，一起出行的 40 位师生，想必和我一样，早早地起床，开心地奔赴学校，那脚步，想必也和今早的雨点一般急切。那么现在来瞧瞧我们有多幸福，今天的出行，湘潭市青少年宫给我们准备好了一辆 45 座的大巴车，给我们买上了保险，备好了矿泉水，备好了口罩，还有一点小零食（用于奖励此次活动优秀的参与者），不光如此，为了我们一行人的活动，他们安排了三位工作人员，其中有一位李老师早早就到了长沙会场做衔接工作，活动部刘红部长和罗娟老师则全程陪同我们一起。

虽然下着雨，同学们都记着我们的要求，两列纵队开展今天的一切行程，展现懂规矩有文明的红霞学子风貌。一上车，孩子们的兴奋就溢满整个车厢，哇啦哇啦讲开了，还好奇地将脚踏板踩得啪啪，响声此起彼伏。这可忙坏了带队的刘红部长，她不愧为青少宫活动部部长，教导小朋友还是很有招，在她的引导下，孩子们立马将乘车礼仪和出行文明予以行动上的表现。为了这一场活动，刘部长做了很多的功课，开始拿起话筒给孩子们进行科普：院士这个称谓有什么含义？你知道哪些院士？接着重点介绍了今天我们即将遇见的印遇龙院士。这些内容放在一边，是为了唤起孩子们对一场活动的期待，也是为了降低孩子们待会听讲座的难度。随着汽车一路滚滚，待走上猴子石大桥，刘部长再次拿起话筒，跟孩子们聊起了长沙，聊起了星城之称，聊起了湖湘名人湖湘文化。作为一个老师，我有点汗颜了，更在心里为她点赞，今天给我们提供一个这样学习的好平台，他们还这般认真地做着服务，她这般认真地做着教育，我必须接过话筒，告诉孩子们这一些，告诉孩子们去感受我们正在享受着身边人的爱。

托周日清晨美好时间的福，一路顺畅，原计划 90 分钟的车程 70 分钟就顺利到达。长沙市青少年宫的老师们已经为我们安排好了停车位，迎面招手接待了我们，引领着我们到室内场馆整理好东西，给我们准备好装雨伞的塑料袋，提醒孩子们如厕方便，把我们引领到座位上，我们的学生座位被安排在厅中 4、5、6 排，顶呱呱的位置，带队老师的我们呢，则被盛情安排在厅中第一排，顿时有点小小的被感动到，有点为孩子们骄傲的感觉涌上心头。昨晚才看了长株潭三地市委书记圆桌会议共商长株潭一体化建设大计，今天就真切地感受到了长株潭一家亲的温暖，再次为此行决定坚定地说一声“值得”！

院士很朴素，院士很真切，“我呀，通俗地说就是一个养猪的专业户，今天要给大家讲解的就是‘破解猪的密码’”，印院士，全名印遇龙，湖南常德人，一口颇有常德风味的普通话，娓娓说着他的学习、生活、兴趣爱好，听来很亲切：“我每天骑单车上下班，我和孩子们一样也爱打球、下棋，这些，足可见，院士没有什么神秘的，院士就是一个普通人。那他和普通人又有什么一点不同吗？有的恐怕就是认准一件事情就坚持到底的性格。我从小喜欢观察自然界的事物，这一个爱好进入了我的生活、学习，也带到了我的工作中。”“搞科研很枯燥，但我不把工作当成压力，把它看成一件很轻松的事情来做，总告诉自己，只要我尽力而为就一定会有成长，孩子们学习也要有这样的认识才会有趣。”我很认真地听着，孩子们也认真地听着，从会后分享的照片我看到，孩子们比我听得更认真，可以说他们听得很入神，个个都是很崇拜的模样，小本子，小笔，小眼神，在边听边记录着。此刻，学习的仪式感有的，学习的状态有的，学习的内容也是有的，孩子们听得一定比我更有心得。

印院士一定经常讲座，而今天他被系上红领巾，为一群胸前都系着红领巾的少年儿童讲座，这样的场面对于他来说应该不太多，但我觉得他对待今天的讲座如他做科研一般，认真选题了，认真准备了，所以虽然普通话不是那么标准，言语不是那么优美，但质朴的语言说到了孩子们的心坎上，借用“破解猪的密码”，以故事的讲述形式展现“走上院士宝殿的秘诀”。孩子们，如果今天你认真听了，你一定懂得了这个真理。上周五我还在跟孩子们打预防针说，“也许院士的讲座内容会很高深，我们会有听不懂，但是我们可以记录下来，回头再咀嚼交流。”看来这一点完全是我多余的担心。

今天长沙之行本有这个收获就足够开心了，但我们的收获又岂止这些？请看，讲座完毕，主持人说，今天可以现场互动，欢迎同学们提问，我校的孩子们路上早有准备，于是瞬间把小手举起来了，蒋阳子同学中奖了，而且是第一个中奖，这个漂亮的小姑娘落落大方，接过话筒，彬彬有礼地说起来：“院士爷爷，您好！我是来自湘潭市岳塘区红霞学校的蒋阳子，您是畜牧养殖专家。妈妈说，肯德基等速食中使用的鸡都是速成鸡，有的还有6只脚，6对翅膀，是这样吗？这样的肯德基可以吃吗？”孩子们的童心童语向这么高端专业的人员抛出，院士很开心听到这一番提问，耐心地回答，告诉孩子们，这样的怪物鸡是没有的，不要恐慌，肯德基等速食在孩子们成长阶段是可以吃的，但注意适度为好。蒋阳子不愧为红霞学校的优秀学生代表，在聆听院士讲解时，始终站立着，专注地听着，时不时还把院士的讲解迅速地记录在本子上，好一个优秀小记者的模样，看着她这么认真做着笔记，会场上一旁的记者们纷纷冲她举起相机，在直播空间里留下了许多漂亮的镜头。

接着，一位活动负责人说想采访一下湘潭的老师和学生，我自然是被大家委以这项任务的完成者，汤杰宇一向大方善谈，这个事情很适合他。随即，我们就和摄影师、记者随意聊了起来，表达着对活动邀请方的感谢，表达着印院士给予我们的启示。在我们和记者聊着的时候，有一个人始终陪在我们身边，那就是艺馨老师，暖心的艺馨，她说她要来给我们拍照，她静静地站在一旁，不停地给我们咔嚓咔嚓，时不时给我们竖起大拇指，一个劲儿嘀咕，“这个活动参与真值得!”“真是一个长见识的好机会!”

快乐的时光真的就是这么快，一上午不觉得劳累，大家都兴致勃勃，中午我们围桌一起吃起了自助餐，菜品不多，但很精致，胡萝卜小青豆炒肉丁，鸡蛋，鸡腿……孩子们吃得很开心，吃过饭，老师稍稍提醒，孩子们心领神会，尽量践行着光盘行动，相互提醒把餐桌上的垃圾及时清理，把一次性纸杯、碗盘叠放好，孩子们都悄然行动，文明的模样又一次彰显出来。

下午约两点四十分，顺利到达学校，看着孩子们一个个被家长接走，这时候带队的老师才敢舒一口气，各回各家。艺馨领下了整理照片的任务，也领下了微信公众号宣传报道的文字图片整理工作，书记则又默默地干起撰写新闻报道，编辑公众号的活儿。在此，我也坐不住了，唯有记录这些碎碎片语，才能表达我对诸位的感谢，对孩子们的祝福!

诗词感悟

下平十蒸诗曰

焦点高华聚一灯，未知余影冷如冰。春花秋月年年似，子占其中何以凭。

第二十六章　惟命章·守望相助

经典诵读

《康诰》曰："惟命不于常。"道善则得之，不善则失之矣。《楚书》曰："楚国无以为宝，惟善以为宝。"舅犯曰："亡人无以为宝，仁亲以为宝。"

学习分享

"道善则得之，不善则失之矣。"这一个句子和第二十四章的"道得众则得国，失众则失国"，第二十五章的"是故财聚则民散，财散则民聚"语法结构相同，三句话都是从正反两个方面来强调一个真理。"道善则得之，不善则失之矣"是强调"行善"的重要性，在这儿，这句话是对国君说的，因为本章仍然是在讲国君治国理政法则，论述以德治国，以善为宝的道理。

本章有两处经典引用，首先引用《康诰》上的经典语句，以此来告诫国君为什么要行善。“惟命不于常”，意思是说“天命不是固定不变的。”正因为天命不是固定不变的，所以我们就要知天命懂天道，“道善则得之，不善则失之矣。”一国之君，行善就能得到天命，若国君不善就会失去天命。

那历代国君懂不懂这个道理呢？有没有遵守这条准则呢？文章举出了两个例子。第一个，《楚书》曰：“楚国无以为宝，惟善以为宝。”意思是说，“楚国没有什么可宝贵的，只有仁爱为最宝贵。”《楚书》，就是楚昭王时的史书。这句话其实是记录了一个故事，故事的题目是《王孙圉（yǔ）论楚宝》。楚昭王在位时，有一次，他派王孙圉出使晋国。在晋定公为他举行的宴会上，晋国大夫赵简子鸣其佩玉，向王孙圉炫耀，并询问楚国佩玉现在的价值怎么样了，王孙圉答道：“楚国从来没有把美玉当作珍宝，楚之所宝，是辅君治国之贤臣观射父、倚相，是出产众多物资之云梦，是一切足以使国家得福利弭灾祸之财物，而不以玩饰之物为宝。”从两个人对宝的认识，我们可以看出，两人立足有高低之分，着眼有公私之别，你举手赞成的是哪一种认识呢？楚国，将贤臣视为宝贝，将沃土视为宝贝，将平安视为宝贝，一切着眼于国家的发展，这就折射出楚王的行善之心，“道善则得之”，得人心，得天下，得天命！

再看第二个举例。舅犯曰，“亡人无以为宝，仁亲以为宝。”全句的意思是，陪同晋文公流亡的名臣舅犯说：“流亡在外的人，没有什么可宝贵的，只是把仁爱当作最宝贵的。”故事记录在《礼记·檀弓下》。舅犯，就是晋文公重耳的舅舅狐偃，字子犯；亡人，流亡在外的人，这儿特指重耳。晋僖公四年十二月，晋献公因受骊姬的谗言，逼迫太子申生自缢而死。重耳避难逃亡在外，流落狄国时，晋献公逝世。秦穆公派人劝重耳归国掌政，重耳将此事告诉舅舅子犯，子犯认为不可以，便对重耳说了这几句话。舅舅的心意是这样的："流亡在外的人，可以珍贵的只有仁爱和亲情。父亲死了这是何等的大事呀？难道我们还要用这件事情利用这个时机来谋利，去争夺王位吗？那天下的人谁会信任你呢？"想想舅舅子犯的话，想想《康诰》之曰"惟命不于常"，如果重耳一意孤行，岂不是"不善则失之矣"，白忙乎一阵，且被落下不孝之骂名？

《大学》就是这样言真意切，观点鲜明，用史实说话，读来轻松。读完这一章，我们得好好记录这样三个句子"道善则得之，不善则失之矣""惟善以为宝""仁亲以为宝"，成功千千万，道法常相似：道善为宝，人心为宝，公道自在人心！

校园传真

守望相助

——记与折翼天使的偶遇

小美女（随班就读生）在一次偶然的巡堂中进入了我的视线，那个早自习，我习惯性地走过每间教室，远远地看见二楼走廊上站着一个小女孩，她背着书包，靠着走廊，我加紧脚步走过去，迎面问候："小美女，怎么没进教室？"她低着头，没有看我，没有答我，我猜测着说："是没吃早餐？"她低头不语，"是没带作业？""哦，是迟到了不敢进去吧？"我抛出一个个可能性的问题，小女孩依然一句话也不应答我。

这时班主任老师正好过来了，和小美女耳语了两句，牵着她推开后门坐进了教室。转而轻声地跟我陈述了小朋友的情况："……不爱进教室，即使进了教室也不参与学习，撕撕剪剪……小丫头由奶奶一手带大，前不久，妈妈又生了二胎……"哦，我明白了：眼前的孩子是一个随班就读生，她语言无障碍，孩子思维没问题，但心有丝丝结。用专业术语来说，她有轻微的自闭症。

从此，我的心里有了一个她，一个下午，我们在楼道上又一次迎面，我摸摸她肩，搭着讪："小美女，今天真漂亮！"她也停下了脚步，我立马搭讪升级："小美女，叫我一声呗。你看他们都叫我罗老师、罗校长，你也叫我一声呗。"这时候，许老师从楼上下来，看见我俩，心领神会，一把抱住小美女，咯咯咯咯笑，大声笑着，小丫头许是受了感染，侧着小脑袋，嘴角抽动着，我感觉到，这是笑，似乎想说什么，可就是发不了声。好一个珍贵的画面，我赶紧咔嚓留住了这一刻。

接下来的日子里，我常常主动去偶遇她。我站在校门口偶遇上学的她，牵着她的手直线走向教室；我透过窗户偶遇课堂里的她，找寻一个和她四目相对的机会；在食堂午餐时，我干脆赖过去，跟她对面而坐，套着近乎。时间长了，渐渐地，她由害羞地听着，到点头、摇头，偶尔也眨巴着大眼睛望一眼跟前的我。

有一天，我又唠叨开了："昨天植树活动中，我觉得你是最幸福的，你看，爸爸来了，妈妈来了，家里的小宝宝都来了，这棵树一定会长得很好。哦，推车里的小宝宝是弟弟还是妹妹？""妹妹。"哈哈，终于开口了！我们的交流取得了阶段性的胜利！

心灵是有温度的，心灵是会感知的。心灵，它是一扇窗，需要经常擦拭才会明亮。心灵，它是一扇窗，需要适时推拉才会有阳光照进。

随班就读生，是一群折翼的天使。我们学校是一所农村小学，这样的学生似乎也较多，学校现有随班就读生八个，其中三个小男生自闭严重，两个男生身体残疾，一个女生、两个男生轻度狂躁症，而这位小美女就是厌学和拒绝交流。

这样的孩子，他们自身的缺陷让他们生活没有质量，这样孩子的父母、家人，难免会因此影响其生活质量。面对这样一群孩子，我们的教育应该何去何从？在这儿，我拷问自己，我欣慰身边的守望：六年级的这个小男孩，家长重视，长期聘请一个生活老师全程陪护；三年级的这个男孩，妈妈每天家校两头跑，成为我校最随意进出校园的一员；二年级的小女孩经常如厕问题出现障碍，其奶奶也接受我们的建议来校不定期地陪护……

颇多的无奈摆在眼前，颇多的心疼涌上心头，于家长，我们可以做的一是传递正确的认知：近一年里，先后三次邀请我市心理专家来校和家长面对面交流；二是激发乐观的心态：也曾根据不同情况一次一次对家长进行反馈，给家长送儒学读物、家庭教育读物；三是明晰孩子们未来可以达到的状态：我们一起直面问题，量体裁衣，憧憬未来。

于孩子呢，我们可以做的就是不嫌弃，不抛弃，也不放弃。要知道十个指头都不一样齐呢？

今天，就在刚刚，我收到了溪溪老师发来的信息，“罗校，忘记告诉你一个好消息了：我班的小美女，愿意打开心扉了。今天她跟我说，爸爸最辛苦，要照顾妈妈、妹妹还有她。”此刻的欢喜无以言表，似乎是一种竞技过后长舒一口气的状态，又似乎是对未来“路漫漫其修远兮”的向往。

端详着这难能可贵的成效，面对先天缺陷这个可怖的敌人，家长耐心守望，专家潜心相助，老师们积极守护，此刻脑子里涌出几个字眼：换一视角，又一惊喜，物如此，事亦然，心甚是。

诗词感悟

下平十一尤诗曰

朝夕可怜云气浮，江山无咎费筹谋。长风未是随心起，德败道衰君自愁。

第二十七章　秦誓章·伯乐一顾

经典诵读

《秦誓》曰："若有一介臣，断断兮无他技，其心休休焉，其如有容焉。人之有技，若己有之。人之彦圣，其心好之，不啻若自其口出，寔能容之，以能保我子孙黎民，尚亦有利哉！人之有技，媢疾以恶之。人之彦圣，而违之俾不通，寔不能容，以不能保我子孙黎民，亦曰殆哉！"

学习分享

本章题目就是以引文出处为题，在结构上和其他章节稍有不同，它只是引用原文，没有进行观点阐释。那我们就自己好好读读，细细品味，领悟大人之学之精髓之教导。

《秦誓》是《尚书·周书》中的一篇，它论述的是治国平天下的用人原则与要求：必须选用品德高尚忠诚专一的贤人。

先来看看文中几个描写人物美德之词，这几个词语读来有点生僻："断断"，是指真诚的样子；"休休"，是指人心胸开阔宽宏大量；"有容"，指能够包容他人；"彦圣"，指德才兼备。

接下来，我们倾听《秦誓》的教导，《秦誓》说："如果有这样一位大臣，忠实诚恳、耿介爽直，虽然没有什么特别的本领，但他心胸宽广，有容人的肚量，别人有本领，就如同他自己有一样；别人德才兼备，他心悦诚服，不只是在口头上表示，而是打心底里赞赏。用这种人，是可以保护我的子孙和百姓的，是可以为他们造福的啊！相反，如果别人有本领，他就妒忌、厌恶；别人德才兼备，他便想方设法压制，排挤，无论如何容忍不得。用这种人，不仅不能保护我的子孙和百姓，而且可以说是危险得很！"

这一章分为两个层次，首先描述了一位品德高尚忠诚专一的贤人的具体表现，然后从正反两个方面说明应该任用这位贤人。

贤人的美好品德更应观察其对他人他物的态度，"人之有技，若已有之。人之彦圣，其心好之，不啻若自其口出，实能容之。"别人有本领，他看在眼里，打心眼里欣赏；别人德才兼备，他看在眼里，打心眼里佩服。有的是羡慕，绝无丝毫嫉妒。"宰相肚里能撑船——宽宏大量"，这个歇后语就是对位居一人之下万人之上的臣子心胸的展现，皇帝的辅政朝臣需要这样的大容大度之人，而历年历代每一个管理岗位依然所需。"有容乃大"，自然"以能保我子孙黎民"，无论什么人在他的身边工作、行动与生活，都能得到他的包容与欣赏，自然安居而乐业。反之，如果嫉贤妒能，容不得别人比自己好，生怕人家的好会盖过自己，会对自己造成不利，想尽办法压制心生厌恶，甚至心生嫉妒与恨意，那岂不是演绎新时代宫斗剧？那人家还敢撸起袖子为国效力吗？

“人之有技，若己有之。人之彦圣，其心好之，不啻若自其口出，实能容之。以能保我子孙黎民，尚亦有利哉！”这是老祖宗的金玉良言，亦是成人的灯塔航标，胸襟开阔，成人之美，嫉贤妒能，害人害己！

校园传真

伯乐一顾

——记“名优校长”报道有感

想也不曾想过，有一天我会进入名优校长栏目之列，可近日偏偏就这么被“馅饼”砸到了。10 月 24 日，湘潭日报教育周刊第 67 期，我成为“名优校长故事”的主人公，一篇题为“芝兰之香润师生——记岳塘区红霞学校校长罗光辉”，讲述着我和红霞校园的故事。

馅饼源于一次遇见。两个星期前的一个下午，湘潭日报教育周刊杨主任走进了我们校园，杨主任作为教育周刊负责人，关注教育，心系教育。我作为红霞的大家长，领着杨主任在学校转悠了一下，很习惯性地滔滔介绍学校的发展与成长。如今，我来到学校将近两年，学校的每一处变化，每一天的成长都在我的眼里心里，遇到愿意倾听的人，我便滔滔不绝，如数家珍。那一天我也是毫无顾忌，没有顾忌到眼前是一个见多识广的大记者大主编，恐怕他见过的优质学校比我走过的桥还要多。没想到，杨主任就是那么任意地随我唠嗑，更没想到，竟然悄然决定把我的唠嗑美化成了文字，演绎成了故事！

捧着眼前的报纸，端详着报纸上这位陌生而又熟悉的“我”，专注着每一个铅字：报道的题目取材于我喜欢的一个成语，“芝兰之香”，报道的内容分成两大板块，一是深耕传统文化，实现学校内涵式发展；二是精心打造课堂，引领教师专业成长。

在旁人看来，说是报道，是在讲述着我的故事，而我看来，这完全是教育周刊记者在为我描绘美好的教育蓝图，给我勾画着我该努力的方向。“打造一个洋溢‘芝兰之香’的校园”，这正是我梦想中学校应有的模样，“让教师获得专业成长”“让学校从内涵处求得发展”，这正是我梦想中学校应走的路子。心中不由得涌起一股激情，写下八个字：“感恩遇见，珍惜鼓励！”

感恩遇见，感恩遇见湘潭日报报业集团教育周刊亲民睿智的记者们；感恩遇见，感恩遇见了红霞，遇见了友善包容的红霞人。

记得那天和记者美玲交流时，她问我，“关于选择当教师，你有过什么故事吗？你从湘钢三校来到红霞学校当校长是怎样的机缘？”我告诉她，关于当老师就是我的初中老师帮助选择的，一锤定音而就；关于来当校长就是教育局领导和组织安排的，一纸调令而成。但是，走进校园，我有深刻记忆：2018 年正月初九，那天下着蒙蒙细雨，送我来的领导都表达吉祥，说“今天风调雨顺，是个好日子”。我呢，一路忐忑走来，直到站在校门口，看到“红霞”两个字，才心生力量，这儿是“红霞”，我是“光辉”，我告诉自己，“霞、光”本为一家，“霞、光”相遇能绘美景。至于来到红霞开展工作，我首先送给自己四个字“成人之美”，将其书写裱挂于墙，没有给自己定什么目标，没有给工作一个高大上的教育理念指导，倒是记住了《大学》的开篇语，“大学之道，在明明德，在亲民，在止于至善”；然后，就是这样和团队伙伴们一起抱团交流，思考得更多的就是我们一定要丰盈自己、携手家长、温暖学生，做一株芝兰，止于至善，成人之美。一年多来，一切就是这样的顺其自然，累了，歇一歇，抱一抱；懵了，捋一捋，想一想；进步了，那就天真地做个梦，尝试跳起去摘果；失误了，那就原地回个头，必须停下究其因。也许这不是美玲记者所需要的素材，但这是真实的我和我们。

珍惜鼓励，珍惜教育周刊主任和记者们的鼓励，让这个小小的我承载的小小的学校也能广而发声；珍惜鼓励，珍惜身边众亲人朋友的鼓励，让我透过这个窗口再一次感受到了你们对我不变的关爱。

在我最初的想象中，报道一出，很多人都会这么认为，这是对她的鼓励，没错，给予我的是真正的扎实的鼓励，百分之一百的鼓励。因为，在如今人们追求名校效应的今天，我们属于弱势。我，身为校长资历浅，不到两年的时间；学校，归属一所农村学校，办学规模不到 500 人。正因为如此，在第一时间得知要被报道的时候，我是真心地拒绝了好意，觉得所做一切虽然有努力，但跟众名校相比真是小巫见大巫，真心怕影响报业的形象。以至于，24 号上午接到杨主任的宣传链接，除了表达感恩，我都始终没有分享告知除家人之外的任何人，选择默默珍惜这份鼓励。

然而，到了下午，教培中心的志敏主任传来图片鼓励，原湘钢三校的一个同事电话表达她的阅读喜悦，老公单位的同事发来湘潭在线的链接报道，这一刻，我的脸红了。接着，网络让讯息不断扩散开来，红霞的老师们纷纷转发，局长、校长朋友纷纷转发，学校家长感言表达，同学群里也在传播浏览，其间不乏一些朋友真情的感言。有一位家长这样表达：很棒的教育工作者罗校长，我们爱你。感恩孩子小学生活里遇见这样优秀的老师、校长；曾经的同事这般留言：作为领导，她落实于行，身为语文教师，她以身示范，真是一个认真扎实而又细致温婉的人，特别感恩成长中遇见这样的领导，也特别怀念校园里我们一起吟唱古诗词的时光；也有曾经短短时间共事的年轻老师这样说：喜欢她，美丽、睿智。最爱她的语文课堂；红霞的老师这样鼓励：一位自信、勤勉、优雅知性的校长；晚上，竟看到之前的校长留言分享：真为你骄傲……虽然这些都是隔着手机屏幕看到的，但是，这让我的内心被大家的分享变得强大了，害羞的我也不再害羞了，被大家的鼓励彻彻底底融化了，好像“名优校长”四个字都变成了我的事实存在，于是一一感恩答谢。

伴着祝福，怀着感恩进入睡梦，明天的我要更加坚定，农村学校需要我，我就随遇而安；明天的我要更加强大，495 名师生需要从这里成长，我就不负岗位；明天的我可以更加自信，因为我的身后有一个友爱的鼓励团。一切都是最好的安排，感恩美好的遇见！

诗词感悟

下平十二侵诗曰

吾言明月是吾心，光可鉴人无古今。可舞徘徊携手并，能听金玉和其音。

第二十八章　大道章·万众一心

经典诵读

唯仁人放流之，迸诸四夷，不与同中国。此谓唯仁人为能爱人，能恶人。见贤而不能举，举而不能先，命也。见不善而不能退，退而不能远，过也。好人之所恶，恶人之所好，是谓拂人之性，灾必逮夫身。是故君子有大道，必忠信以得之，骄泰以失之。

学习分享

本章论述治国平天下必须具有高尚的仁德。“仁”是儒家的核心思想，本章围绕“仁”表述了一个观点：“唯仁人为能爱人，能恶人。”描述了“仁人”的一种具体行动表现：“唯仁人放流之，迸诸四夷，不与同中国。”

那么首先我们就来品读这两个句子。“唯仁人为能爱人，能恶人”，这个句子很好懂，就是说唯独有仁德的人能够亲爱善人，厌恶坏人，用一个成语表示就是“爱憎分明”。既然爱憎分明，那么面对有过错令人生厌的坏人该怎么对待呢？这里举了一个例子“唯仁人放流之，迸诸四夷，不与同中国。”古时候的中国与今义不同，因为中国古代汉族建都于黄河南北，故称其为“中国”，属全国中心地区，与现在的“中国”含义不同，与“中原”“中夏”“中华”等含义相同；“四夷”，是对古代东方边远部族的蔑称；这个“之”，是个代词，代指“心胸狭窄的人，不能容忍之人”。这句话是说，“唯独有仁德的人，才会对这种嫉贤妒能的人作出流放的决定，驱逐到四方边境偏僻蛮荒的地方，不许他们与贤人一同住在中原境内。”

关于放流，历史上有一个著名的故事。商汤去世以后，商汤的亲长孙大甲即位，即位三年中，非常暴虐，不遵守汤的法律，乱德，于是，伊尹将大甲流放到“桐宫”，让他自我反省。在桐宫居住三年以后，悔过自责，回心向善，于是，伊尹又迎大甲回宫，将国政移交给大甲，大甲开始修德，政治清明，诸侯都心悦归顺，百姓安宁。可见，放流是一种让其冷静思过的处理方式，是为了给予他人改过自新的再成长机会，这种惩罚，在这里不是情绪的肆意宣泄，不是一棒子打死，而是治疗。从这一点看，处理此问题的伊尹就是有容之人。故，自有治国平天下之德行。

面对贤良之辈该怎么做呢？“见贤而不能举，举而不能先，命也；见不善而不能退，退而不能远，过也。”这儿没有直接说明，而是从相反的方面来告知世人：“发现贤人而不能推举他，即使推举了却也不及早任用他，这是浪费人才的生命。见到坏人不能罢免，或即使罢免了也不远离开，这便是最大的过错。”道理显而易见，待人就是要做到用人唯贤，非用人唯亲，不仅要见贤能举，还要举而能先。这也正如诸葛亮在《前出师表·诸葛亮》中所说："亲贤人，远小人。"

这儿也要讲一段历史。管仲和鲍叔牙是很好的朋友，他们相知、相荐，为世人所称道。齐襄公去世后，鲍叔牙辅佐齐桓公最早回国即位，齐桓公想立鲍叔牙为丞相，鲍叔牙说："我很荣幸能跟从您，您很尊贵，作为臣子是不能给您增加什么的。如果您要治理齐国，高傒和我就足够了。如果您要称霸，非管仲不可。"桓公听从了鲍叔牙的建议，马上启用管仲。而管仲呢，曾经为了帮助自己辅佐的公子纠回国复位，曾用箭射中了齐桓公的带钩，差一点将其射死。但齐桓公并未计较此事，以厚礼迎管仲为齐国相。齐国大治，而齐桓公也因管仲之力九盟诸侯，成为最著名的春秋霸主。(《史记·卷三十二·齐太公世家第二》)管仲死后，齐桓公不听管仲之言，重用易牙、竖刀、开方三人，三人专权作乱，最后成为霸主的齐桓公的尸体停在床上六十七天，无人下葬，尸体上都生出了蛆虫，从窗户爬出来。如果齐桓公能早早远离这三位小人，何至于引起这么大的祸乱呢？作为一个领导者管理者，要善于发现人才，要搭建平台给有德有才之人大显身手的机会，也要及时医治心思不正之人，远离之，惩戒之，扬清风正气。创新是民族进步的灵魂，创新靠的是什么，是人才！

这一章，读到了儒家不一样的情怀，原来，儒家也是要求敢想敢做的。只是他要求有一颗"仁"爱的心，为社会的利益而敢于放逐那些妒贤嫉能的人。用我们今天的话来讲就叫作"旗帜鲜明"吧。即使温敦如朱熹，也不反对这样的举动，可见只要为国家，为社会，持之正，执之严，他就是对社会和人们建大业的仁人，而容忍恶人就是不仁，当仁则不让。可见儒家学说绝不是没有原则的学说，它是一个保证在良性社会环境里运行的学说。所以辨别人的善与恶，进而区别对待之，给我们营建一个和谐的良好的环境，是多么重要啊！所以每一个时代都需要有能够爱人和能够恶人的仁君。而这样的人才可以称得上真正的“仁”。

校园传真

万众一心

——“成语有说”课程资源开发纪实

“有一座城，叫众志成城，有一颗心，叫万众一心。”从春节走到元宵，从立春走到雨水，全国上下迎战“新冠肺炎疫情”大考。医者，为抢救生命而逆行，众人，为守护生命而奔跑，中国，为护佑中华全身心书写着“富强、民主、文明、和谐，自由、平等、公正、法治，爱国、敬业、诚信、友善”！

我们，没有能力冲锋陷阵，但可以听从国家指挥，每天重复着从客厅走到餐厅，从卧室走到阳台。虽然脚下的空间变得狭小，但是心中的格局豁然明朗：生活即课堂，这样的日子值得记录，有一群人值得铭记，有一些行为值得歌唱。

我要抓住这个课堂，我要讲好这个课堂！讲什么？毋庸置疑，防疫抗疫践行核心价值观！怎样讲？无可争议，中华美德当用中华经典传诵！于是乎，课程思路瞬间明确：以 24 字核心价值观为课程目标，以中华成语为表达内容，以短小视频为传达媒介，为全面夺取防疫抗疫的胜利助威！

“光说不练假把式”我按捺不住，刻不容缓，挥笔疾书：“大家好，欢迎进入红霞课堂‘成语有说’之‘敬业篇’。‘兢兢业业’语出《诗经·大雅·云汉》，原句为‘旱既大喜，则不可推，兢兢业业，如霆如雷。’兢兢业业，形容做事小心谨慎，踏实勤恳。从兢兢业业可以设置出一条成语龙，兢兢业业——业精于勤——勤学苦练——秣马厉兵——马到成功。没错，兢兢业业就是敬业的代言词，敬业就是通往成功的正道。面对新冠肺炎疫情，无数敬业者集结武汉，众志成城，抗击疫情。武汉人民，别慌，武汉，加油！”

我按捺不住，刻不容缓，自演自拍，一遍相机拍摄，一遍美图录制，再来一遍抖音试试，三轮录制，不厌其烦，反复选择，再经欢欢老师妙手加工，《成语有说》第一篇开播。

我近乎兴奋，刻不容缓，自我推送，迅速将视频发送到红霞工作群，请伙伴们收纳观看。当然“醉翁之意不在酒”。我毫不含糊，发出招募请求：停课不停学，离校不离岗，线上课程等你开发，伙伴们，红霞“成语有说”24 字核心价值观，你我都来说！

是落地无声，还是会一石激起千层浪？我捧着手机，等待回声。自然，担心是多余的，转眼，群里热闹起来，“好点子”“我报名”“我试试”“我讲爱国篇”“我讲富强”……不到两节课的时间，11 个主题被美女老师们一个一个收入囊中。货品对味，此刻售罄，关门大吉！

“微微风簇浪，散作满天星。”查慎行的诗句在我的眼前闪烁，它描绘的不正是今天我们的模样吗？这应该就是一个团队最佳互动模式吧!

此刻比我更乐呵的还有艺静校长，身为两个娃妈妈的她一定遗憾错过了报名，伶俐的她立马担任制片人，打趣着总结：“正式宣布红霞学校《成语有说》栏目组成立!”好吧，就当这是网络时代下的开机仪式吧。

鉴于新冠肺炎特殊时期，响应祖国“宅家不出门才是好公民”的号召，各位伙伴们只能选择担任全能选手，剧本创作、导演、演员、摄像、音响、编辑，为你是尔！可是这一切都不是问题，“春色满园关不住，‘数枝’红杏出墙来”，请看：2 月 19 日上午 6 个剧本成型；下午小果老师视频接着官宣，这些被人民网展播；2 月 20 日，剧本全部完成，新出 4 个视频，获得栏目组成员一致赞美；2 月 21 日，也就是今天，新出视频 2 个，至今推送的 5 个视频全部通过人民视频网络展播，这爆发的是红霞速度！

“等闲识得东风面，无边光景一时新。”已出视频各有特色，小果老师文明篇，结合疫情特殊环境，用成语新解“掩口而笑、感恩戴德、宅心仁厚”，古为今用，妙趣横生；聪聪老师发挥家庭资源，母女亲子演绎，讲述中华民族的“国富民强”；蔡蔡老师巧妙地插入视频，再现医卫战士的夫妻送别，借小家深情衬托爱国之切，直击泪点；小小的年轻伙伴倩丹，挑战“平等”这一价值观，哪知，忽闪的大眼睛看到的视角与众不同，借用“一视同仁”讲述医者的仁心大爱，他们只和生命赛跑，不顾年龄身份性别和其他一切……

为什么我的眼睛总是饱含泪水，那是因为爱得深沉！为什么爱得如此深沉，那是因为你的力量！

每一个作品的形成，都是一份心血的凝结，每一个作品的分享都立马引发我们隔屏共振的快乐时光，大家有欢呼，有夸奖，有感言。而每一个创作者，都不约而同地表达："感谢罗校活动的策划!""是罗校领头带得好!"我顿时害羞了。

老同事电话来，兴奋地提醒我，"你的分享如同看电影一般，赶紧投稿，去感染更多的人哦!"同时也小心地问我："这样的活动，你一个校长还亲自上阵?"这个疑问不意外，我脱口而出："做着自己喜欢的事情很开心，能带动团队一起挑战特别开心!"

我属牛，不能说"俯首甘为孺子牛"，但我相信凡事勤恳踏实很可贵。我们团队人手少，力量自然有限，我能分担一点大家就会轻松一点，我们队伍小，所想难免局限，我能主动一步大家就被触动一次。我倡导"成语成人"的办学理念，如今面对特殊的生活课堂，我们怎样来发挥"成语"的资源做好"成人"的教育呢？这是红霞教育思想落地的素材，火车头责无旁贷！事实再一次证明，车头动起来，车轮轱辘转。我的参与不是作秀，只是张口发令不如率先垂范。那么，在此请战，就让身为人师的红霞人，为传道"社会主义核心价值观"而追逐吧，这正是我们"成语有说"的初心与使命!

诗词感悟

下平十三覃诗曰

山明水秀见晴岚，丽日和风思再三。那得雷霆生雨露，留将人物一同参。

第二十九章　生财章·成人之美

经典诵读

生财有大道，生之者众，食之者寡，为之者疾，用之者舒，则财恒足矣。仁者以财发身，不仁者以身发财。未有上好仁而下不好义者也，未有好义其事不终者也，未有府库财非其财者也。

学习分享

《大学》最后两章将围绕生财展开论道。本章阐述“利”与“义”的关系问题，论述治国平天下的政治原则和为政以德的经济原则。

今天我们常说：“君子爱财，取之有道。”古来圣贤会怎么说呢？“生财有大道，生之者众，食之者寡，为之者疾，用之者舒，则财恒足矣。”这儿列举了几个对比关系，这句话的意思是说：“生产财富也有重要的原则，生产财富的人要多，坐食俸禄的人要少，生产的人勤奋，消费的人节省，这样国家财富就会长久保持富足。”这是一段很富于经济学色彩的论述，通过列举两组对比关系来说明，使得生财之道这样高深的问题让人一下子也就明白清楚了，这就是经典的魅力，浅显易懂而毋庸置疑：创造财富的人多，坐享其成的少，这不就是在倡导全员劳动吗？是的，财富是创造出来的，幸福是奋斗出来的，生产的人勤奋，消费的人节省，这不就是说工作要讲求效率，生活提倡节俭吗？正如我们常常认同的一种价值观：“时间就是金钱，时间就是财富！”你看，这些古人圣贤之语也正在我们的实践中被认可着！中华经典，不愧是中华民族的精神财富，亦是宝贵的物质财富。

懂得了生财之大道，我们就应该去遵守，怎么遵守呢？依然是“德行”。古往今来，“仁者以财发身，不仁者以身发财。”意思是说，“有仁德的人用财富去完善自身的品德，没有仁德的人，以舍弃自己的生命去求财。”怎样用财富去完善自身的品德呢？你说，“乐善好施”算不算？“达者兼济天下”可不可以？广遍全国的逸夫楼是不是邵逸夫先生“仁者以财发身”？想想这些，我们就眼明心亮了吧。那与之相对的“以身发财”又是一种怎样的行径呢？偷扒抢劫、制假贩假、贪赃枉法，或贪婪吝啬如巴尔扎克笔下的葛朗台，果戈理笔下的泼留希金，这些就是“不仁者以身发财”令人唾弃的行为，都是“终朝只恨聚无多，及到多时眼闭了。”（《红楼梦·好了歌》）两相对比，于己于人于家于国还是“以财发身”，超脱一点，自然安好。

前面这几句话论述了生财之道。那么于国君平天下有什么关联吗？我们接着往下阅读：“未有上好仁而下不好义者也，未有好义其事不终者也，未有府库财非其财者也。”这儿的“府库”

是指“国家收藏财物的地方”。这句话的意思是说，“没有在上位的人喜爱仁德，而在下位的人却不喜爱忠义的；没有喜爱忠义而做事却半途而废的；没有国库里的财物不是属于国君的。”这一段话，很显然的就是在告诫处于上位的国君如何遵守生财之道，首先国君要明白，你贵为天子，天下都是受你管理，自然国库里的财务都是属于你的，由你支配，所以，国君要做的事不是守住财富，不是个人享乐，而是以身作则，厉行节俭，用“仁政”唤起臣民百姓“以财发身”的意识，遏制“以身发财”的出现。其途径仍然是强调“率先垂范”“上行下效”的道理，从自己做起，广施仁德，在国家形成仁德之风，百姓自会知晓本末，天下自然丰衣足食、国泰民安。

校园传真

成人之美

——记我校接受湖南省工程学院赠送办公电脑一事

沐浴着冬日暖阳，红霞校园喜气洋洋，今天下午，学校迎来了一批尊敬的客人，虽然不是一家人，但此刻站在阳光下，犹如家人般的亲近。因为，今天的客人是一个爱心团队，他们是民建湘潭市委工程学院支部黄主委，湖南省工程学院资产管理与采购招标党支部的赵处长等几位领导，他们带着20台电脑而来，为解决红霞学校老师办公电脑紧缺的困难而来。百年大计，教育为本。爱心捐赠，福泽千秋！为此，岳塘区教育局党委书记、局长张文颖女士也从百忙之中抽出时间来到现场见证并表达谢意，还特别为红霞学校主动作为的主人翁意识点赞。

此事的达成是源于叶蕾老师传递的心愿，本学期，叶蕾老师加入民建湘潭市委，成了工程学院支部中的一员，在其支部“不忘初心，牢记使命”主题教育活动中，她向组织介绍学校，暖心的黄主委和他的委员们得知叶老师所在的红霞学校是一所薄弱学校，办公电脑尚有待补充，于是滋生了帮助的念头，经过一番努力，在各方的支持下就真的达成了今天这桩美事。

近年来，教育局和区委区政府非常重视这所学校的发展，在财力物力人力方面不断给予鲜活的注入，学校校容校貌、教学设备设施、师资力量都在不断提升中，但教师的办公电脑确实还没来得及补给。曾每每看着老师们在办公室排队使用着一台电脑，每每看到老师们提着手提电脑上班下班，我也总有丝丝担忧与焦虑。如今，这一切将成历史，因为美好与轻松已随今天的爱心团队开启。

当我得到学校将受此项资助的确切消息之后，满心欢喜，满心惊喜，但身为红霞学校的大家长，我立即陷入了思考，人家如此友善，我们可以做的是什么呢？我们应该做的是什么呢？无疑，是感恩在心，更要感恩于行！

于是，我们思忖开来：一是制作一个感恩小册子，即在学校原有宣传册的基础上附上一封答谢信，表示全校师生对这个爱心团队的真诚谢意；二是送上一份小礼物，一把小圆扇，这把扇子就是学校老师自己绘制的一幅国画作品，旨在取“扇”的音节传达“善”之意，意为我们因“善”结缘，感谢其“善”！三是及时撰写宣传报道，传达我们的幸福感受，将爱心团队的善行善举向他人提起被我们记起，因为“扬人善，人知之，愈思勉。”

“一个篱笆三个桩，一个好汉三个帮”，人的成长是如此，学校的发展更亦然，尤其对于是一所发展中的学校。这两年里，众人热情相助也是支撑着我一直努力着的一股重要的力量。如今回望，历历在目：是大伙的助力，使我们有能力将至圣先师的石像请进了校园，建起了红霞亭阁，教室装备焕然一新，每一张办公桌上都摆放着触手便及的办公电脑，湘潭市图书馆少儿分馆也搬进了校园；让孩子们有机会一次一次登上省、市、区各级比赛舞台，更为顺心顺利进入心仪的初中校园；让老师们拥有了端庄大方的制服，偶尔被青睐，有机会参加市、区级比赛舞台，带着组织的信任去奋战追逐；同时也促使学校一次接一次捧回金灿灿的奖牌，学校办学规模逐渐扩大……如今，社会各界予以学校持续关爱，呵护有加，这些绘就了红霞映日之景，校园日日温暖如春。

“爱出者爱返，福往者福来”，巧合的是我们学校的办学理念就是“成人之美”，这四个字也是红霞人的工作写照，自明确工作信念起，全体红霞人更是携手奔着一个方向而行，那就是让每一个孩子学有所成，成有所乐。就说日常出勤吧，定好的 8：00 上班，可全体伙伴每天 7：30 齐刷刷就陆续到位，理由是，陪伴是最好的成长；再说组织比赛吧，说好的比赛旨在开阔视野增长见识不关乎名次，可指导老师偏偏忍不住白加黑、五加二地琢磨推敲，理由是机会是给有准备的人……今天，我们手上接受的是电脑，心里种下的是爱心，脚步迈开的是传递，我们尽我们的所能，成就一方学子，以满足周边居民日益增长的对美好教育的需求，向社会上交一份优质的答卷。在此，也真诚祝福：祝福各界爱心团队事业蓬勃发展，蒸蒸日上，祝福诸位爱心人士幸福安康，快乐吉祥！

诗词感悟

下平十四盐诗曰

资财万贯不须谦，抽得仁人上上签。天道好还君记取，负薪救火更炎炎。

第三十章　义利章·一荣俱荣

经典诵读

孟献子曰："畜马乘不察于鸡豚，伐冰之家不畜牛羊，百乘之家不畜聚敛之臣，与其有聚敛之臣，宁有盗臣。"此谓国不以利为利，以义为利也。长国家而务财用者，必自小人矣。彼为善之，小人之使为国家，灾害并至。虽有善者，亦无如之何矣！此谓国不以利为利，以义为利也。

学习分享

这是《大学》的最后一章，具有结尾的性质。本章是在阐释"平天下在治其国"的主题下，来阐述利与义的问题，提出"国不能以利为利，而应以义为利。"

这一章里有一句话重复出现，即"此谓国不以利为利，以义为利也。"它正是这一章的中心论点，也正是圣贤对后人的谆谆教诲："治国不应该把财利当作自己的最高利益，而应该把道义当作其最高利益。"这道理毋庸置疑，早在第二十五章就有说道："财散则民聚，财聚则民散"，第二十四章也有提及："道得众则得国，失众则失国"。把这三句话摆在一起来阅读品味，我们心中的意念应该就更为坚定了！

文章首先依然用经典语录说话，请听孟献子说："畜马乘不察于鸡豚，伐冰之家不畜牛羊，百乘之家不畜聚敛之臣。与其有聚敛之臣，宁有盗臣。"

孟献子是鲁国大夫，姓仲孙，名蔑。这句话中讲到了三个不同阶层。"畜马乘（shèng）"是指用四匹马拉的车，这是士人初作大夫官的待遇；"伐冰之家"是指丧祭时能用冰保存遗体的人家，这是卿大夫类大官的待遇；"百乘之家"，是指拥有一百辆车的人家，这是指有封地的诸侯王。从这可见，古代不同的官员有不同的待遇，这里讲到了出行的交通工具不同、丧祭礼仪不同，当然还有住宅不同、仆人数量不同，俸禄自然更是不同等区别。在孟献子看来，不同的阶层有不同的心境眼界："养了四匹马拉车的士大夫之家，就不需再去养鸡养猪；祭祀时能用冰的卿大夫家，就不要再去养牛养羊；拥有一百辆兵车的诸侯之家，就不要去收养搜刮民财的家臣。与其有搜刮民财的家臣，不如有偷盗东西的家臣。"这意思是说，一个国家不应该以财货为利益，而应该以仁义为利益。

听了孟献子的话，我们就得举一反三啊，大家对号入座，既然这里是讲平天下，我们就来聚焦于在上位者吧，"长国家而务财用者，必自小人矣。彼为善之，小人之使为国家，灾害并至。虽有善者，亦无如之何矣！"做了国君却还一心想着聚敛财货，这必然是有小人在诱导，而那国君还以为这些小人是好人，让他们去处理国家大事，结果是天灾人祸一齐降临。这时虽有贤能的人，却也无法挽救这个国家灭亡的命运了。“此谓国不以利为利，以义为利也。”所以，一个国家不应该以财货为利益，而应该以仁义为利益。“仁义”才是国家安泰长盛不衰的法宝。

这一章不仅是对国君平天下的告诫提醒，更是给我们上了一堂生动的课：克己奉公，勤政为民，仁义至上，取财有道！在利益面前，如何权衡？在物欲之时，怎么选择？一切答案皆在“仁”与“义”。

总体说来，这一章收束《大学》全篇，内容丰富，包含了儒学的重要思想。我们将会看到，这些思想在《中庸》《论语》《孟子》等儒家经典中还有反复的论述和展开。

校园传真

一荣俱荣

——喜闻武术比赛又添新奖有感

学校在湖南省第四届校园武术比赛夺冠的消息，本周陆续在市区多家媒体平台获得报道。一个星期里，大小伙伴们也都回味在其喜悦之中。晚上，突然接到省组委会的成绩册，浏览着成绩单，竟然还有优秀领队、优秀教练员评奖项目，我校陈茜老师、高进老师获评优秀教练，我呢？也沾孩子们的荣光，喜获优秀领队的称号！成绩单的落款处清晰地印着“湖南省体育局”“湖南省教育厅”两个圆溜溜的红色印章。此刻，天降喜讯于斯人，这个悠闲的周末之夜顿时兴奋而跳跃，我怎敢有一丝怠慢？赶紧同两位教练员分享，赶紧向全体伙伴们报喜。

一喜添新喜，一荣可皆荣！

本次参加比赛其初心就是带领孩子见识省级舞台，汇报五年以来对武术进校园的坚守成效，寻找继续坚守的理由。在这个舞台上，我们再一次读懂“一分耕耘一分收获”。那天在赛场，看着孩子们的欢呼的那一刻，我心足矣。而今天，组委会又给这群陪伴者冠名一个优秀的称号，实属意外之喜，我心飞扬。

这个冬日不凡，因为暖阳环绕。

面对新添的荣誉，我感谢组委会的温暖，这份荣誉名副其实，也道出了我的心声，但我更想申请，如果可以，我要申请1个奖项，“幕后英雄奖”，我要将它授予王艺静老师。整个赛事都是她上下衔接，左右协调，可是在报名册上竟没有出现她的姓名，她选择做一个默默的幕后，当时填报申请时，她有跟我说过，我说，“如果没有特别指定要求，那么领队填报你自己，如果有指定非要填报校长，那就将其中一个教练填报你自己。”我这样的建议是合情合理的，不是让她抢任何人的功劳，因为学校现阶段的武术教学是完全外请专业教师执教，与学校两位体育老师没有直接的关系，且接下来她也将是主要陪同训练指导的工作人员。可是，艺静的回答是：“谢谢校长，我不用的，调动大家的积极性，把机会给年轻的老师们吧。”如此，艺静成了本次省赛荣誉的无冕之王，我记在心中。

无独有偶，本周一周会课后，工会负责人秀姐告诉我，教育局工会下发了文件，要各个学校上报一个工会积极分子或者芙蓉百岗明星，我校只有一个名额。诸如“工会积极分子”这样类似的荣誉，是对各个学校负责该项工作同志辛苦一年的一个肯定，因此，很多时候毫无疑义地归属于对口负责人同志即可。但今天不一样，秀姐告诉我的时候，还未等我开口，她继续表达：“我不要这个荣誉，把它评给年轻的积极分子，他们需要肯定!”

秀姐的让贤已经不是第一次，我理解为是她对学校的呵护，理解为是她对年轻晚辈的爱护，更理解为是她对我的支持。她守护红霞，眼看着红霞学校的发展变化，期望红霞稳定发展，总在默默地尽其所能着：把荣誉让贤，把温情传递，让年轻老师们在成长的同时迅速被包装，让团队伙伴在你帮我助的氛围里凝聚坚守的力量。秀姐在荣誉面前的无我初心，如赐我一明镜。

这一刻，我想到人民教育家于漪老师的一段话，“我们要培养顶天立地的人，首先自己应该努力成为大写的人。‘大’是什么意思？张开双手，拥抱世界，心中不能只有自己。”正是因为无我的品格成就了大写的于漪，成就了共和国的大先生。

是呀，“仁”“义”当先，无我就是最好的成长姿态，无我就是最好的团队共建，25 个伙伴每天进出一个校园，不是亲人但联络有亲。虽然，我们可能如十个手指头一般，长短不一，但都是一颗螺丝钉，大小不等的螺丝钉，学校的成长簿里，都铆着每一个伙伴的劲儿，一损俱损，一荣俱荣。

诗词感悟

下平十五咸诗曰

风正风和悬一帆，波光漾漾出鱼函。上书治国齐家事，款落民心大道缄。

后记

1992年师范毕业，我成为一名人民教师。那一天，父亲借用毛主席的一句话告诫我，“要做人民的先生，先做人民的学生。”我记在心里，时刻提醒自己：作为一名老师，“学不可以已”，要学习文化知识，要学习道德修养，要学习教育教法……职业的使命鞭策着我要不断学习，与书为伴。

西汉刘向说，“书犹药也，善读之可以医愚。”还真是这样，似乎没有书本不能解决的问题。教学迷惑的时候，我查看教育杂志，移植李吉林老师的“情境教育”，我和孩子们欢呼雀跃；疲倦懈怠的时候，我阅读《牧羊少年奇幻之旅》，一句“当你真心渴望追求某种事物时，整个宇宙都会联合起来帮你完成”闪烁于眼前，如手握除霾神器；无论心情爽或不爽，喜欢吟咏李白的诗词歌赋，那就是酣畅淋漓，激情满怀的时刻……

高尔基说，“书是人类进步的阶梯。”果不其然，书的营养，滋养了我的容颜，涵养了我的心灵，在教书育人的这条路上一路走来，我自信而大胆地实践，将阅读与语文教学紧密结合，开展课题研究，先后有“小学生自我教育实践研究”“小学生坐标式主题阅读的实践与研究”“小学经典国学吟诵教学实践研究”，“国学经典教育翻转课堂实践研究”。其间也将阅读与教育教学管理相融合，开展“中华传统节日文化实践活动的研究”“小学生中华成语学习与应用实践研究”“借力中华传统文化，推动乡村小规模学校多维度发展的实践”等课题研究。在这些主题研究活动中，“阅读”成了我们的日常，我和我的学生一起读书，由最初的绘本阅读指导，到中外名著的主题阅读学习，到后来一本一本地经典诵读，读《弟子规》，读《增广贤文》，读《大学》，读《论语》，读《诗经》的名篇；也和身边志同道合的同事、朋友一起，成立“校园国学研究工作室”，建立“霞之書苑”读书会，一起阅读，一起分享，畅所欲言地交流读书的美好。

有道是“熟读唐诗三百首，不会作诗也会吟。”书这样读着读着，就情不自禁地走进了心里，就自觉不自觉地激发出很多想法，不明白的非得要弄个明白，明白了的就忍不住记录下来，不知不觉写读书笔记就成了我的一种习惯，少则几十个字，多则几千字，其中就有对《大学》的解读，整整30篇。

中华优秀传统文化博大精深，穿越古今历久弥新，很多言语今天你拿来照着说，依然是金玉良言，很多办法策略你今天照搬学着做，依然是指南纲要。2018年，因组织的培养，我来到了红霞学校主持工作，站在这个全新的起跑线上，我到经典里来寻求导师，带上《大学》的忠告出发：行“亲民”之事，用“止于至善”之法，做“明明德”之人。

“心正而后身修，身修而后家齐。”在红霞学校的这个大家庭里，我们一起研读《大学》，一起践行《大学》，成人之美，向阳而行，在这个朴素的校园里，我们释放着无尽的温暖，写下了无数的故事，只要一有时间，我就把这一路上和伙伴们相携相伴的故事用文字记录，记录我的珍惜和我的爱。

我常常会把这些故事和我的老师孝听院长分享，每每分享的时候，总会得到老师的大拇指点赞，提出说要在国学院的公众号平台上进行连载，还鼓励我说，要好好整理出来，更难能可贵的是，老师还精心为此书作序。可以不夸张地说，没有孝听老师的教导也就没有这些文字的面世。

借此机会，我还要感谢湖南科技大学教育学院的炳煌书记，湘潭市诗词协会的湘衡秘书长等诸位专家、朋友，在我学习与工作的路上，他们亦师亦友，为红霞学校的特色发展给予真诚指导和帮助。如今，他们对这本书的内容结构更是提出了很多建设性的意见，帮助我校正文稿，推敲每一个文字。同时也要感谢我的同事和我的家人，他们百分百地支持是这本书诞生的原动力。

谨以此书献给我热爱的教育，我热爱的校园，以及我爱的和爱我的每一个人。

罗光辉

2021 年 11 月于湘潭

图书在版编目（CIP）数据

《大学》与我的小学 / 罗光辉著．-- 湘潭 : 湘潭大学出版社，2021.11
ISBN 978-7-5687-0679-7

Ⅰ．①大… Ⅱ．①罗… Ⅲ．①小学教育—教学研究 Ⅳ．① G622.0

中国版本图书馆 CIP 数据核字（2021）第 250554 号

《大学》与我的小学

《DAXUE》YU WO DE XIAOXUE

罗光辉 著

责任编辑：尹筝筝
封面设计：李 平
出版发行：湘潭大学出版社
社 址：湖南省湘潭大学工程训练大楼
电 话：0731-58298960 0731-58298966（传真）
邮 编：411105
网 址：http://press.xtu.edu.cn/
印 刷：广东虎彩云印刷有限公司
经 销：湖南省新华书店
开 本：880 mm×1230 mm 1/32
印 张：6.75
字 数：164 千字
版 次：2021 年 11 月第 1 版
印 次：2021 年 11 月第 1 次印刷
书 号：ISBN 978-7-5687-0679-7
定 价：39.00 元